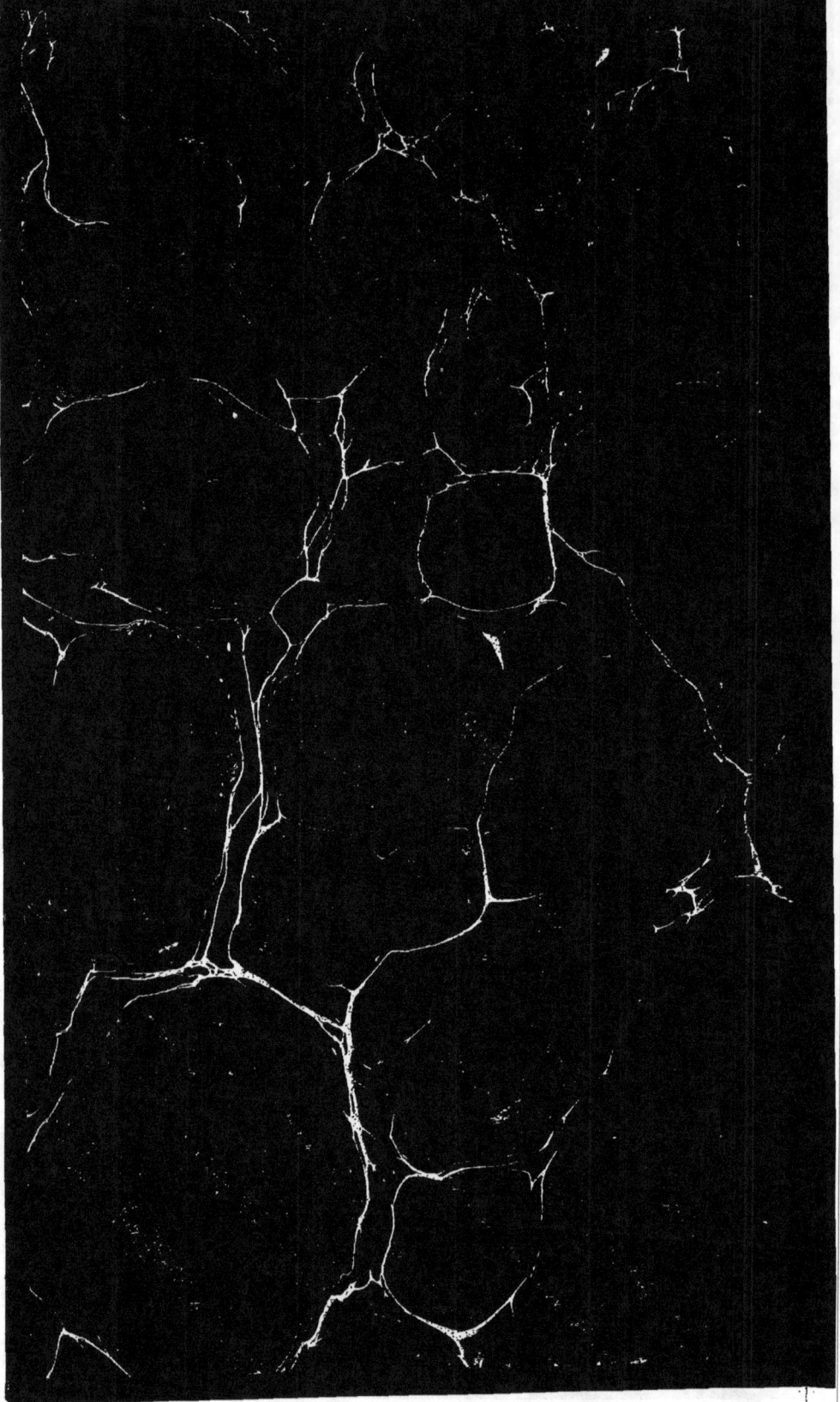

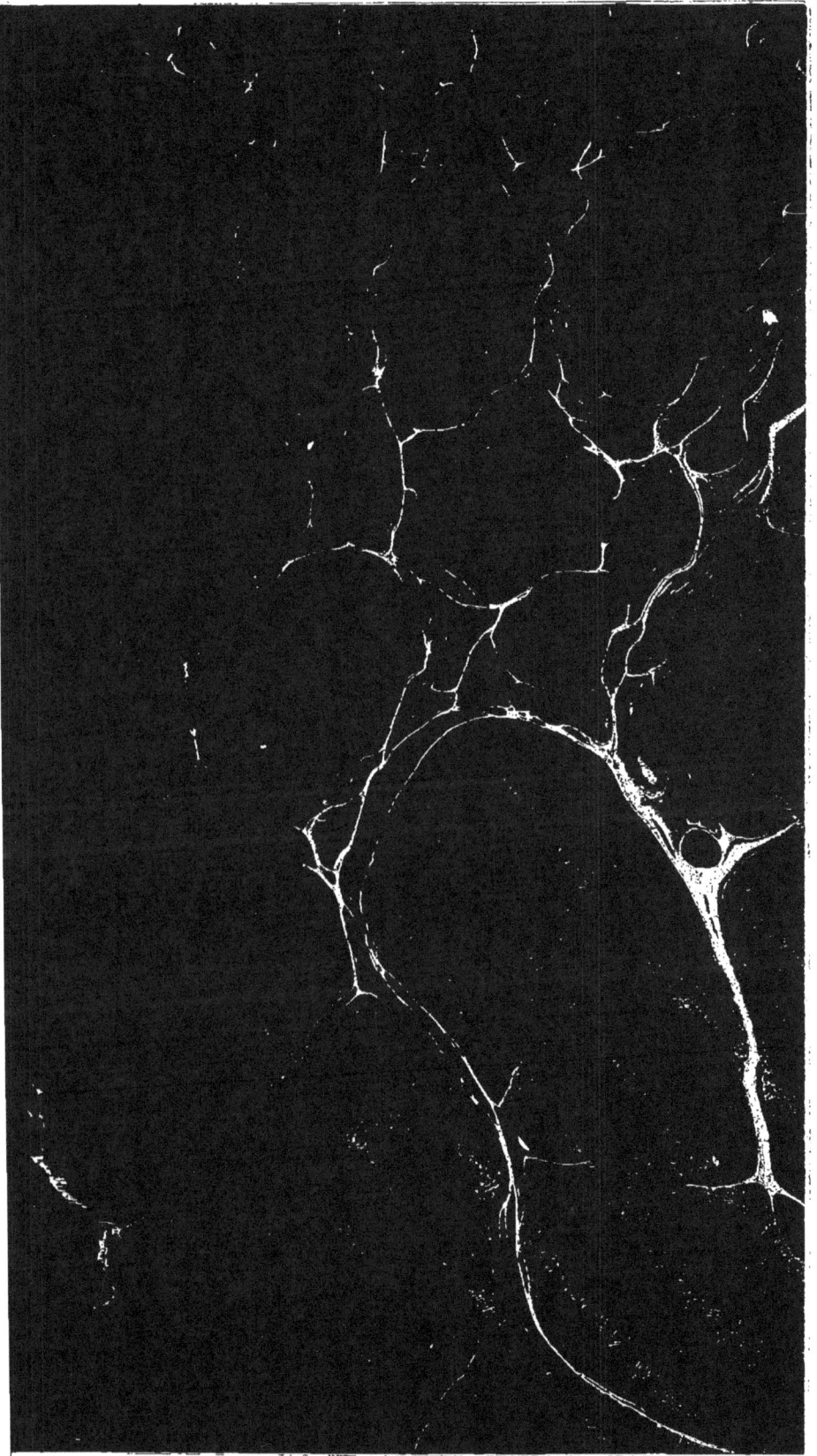

Ln 26328.

VÉNALITÉ
DES JOURNAUX.

RÉVÉLATIONS

ACCOMPAGNÉES DE PREUVES.

PAR

CONSTANT HILBEY

(Ouvrier).

PARIS,
CHEZ TOUS LES LIBRAIRES.

AOUT **1845**

VÉNALITÉ DES JOURNAUX.

RÉVÉLATIONS

ACCOMPAGNÉES DE PREUVES,

PAR

CONSTANT HILBEY,
(Ouvrier).

PARIS,

CHEZ TOUS LES LIBRAIRES,

1845

IMP. D'ÉDOUARD BAUTRUCHE,
Rue de la Harpe, 90.

VÉNALITÉ DES JOURNAUX.

―――――◁•○•▷―――――

Si le jeune homme qui arrive à Paris pour conquérir une renommée de poète pouvait voir se dresser devant ses yeux tout ce qu'il a d'obstacles à surmonter, il tomberait comme frappé de la foudre! mais heureusement, tous ces obstacles ne se montrent à lui qu'un à un; il croit toujours que celui qu'il va vaincre est le dernier, et, soutenu par l'espérance, il arrive quelquefois au but.

Mais comment arrive-t-il? le plus souvent accablé de fatigue et de dégoût; et c'est quand le monde commence à envier sa destinée, qu'il est en effet digne de pitié!

Si encore les difficultés qui l'ont entravé dans sa marche n'étaient que celles déjà si nombreuses que présente l'art d'écrire, il n'aurait à s'en prendre qu'à lui-même d'avoir embrassé une profession au-dessus de ses forces. Mais il n'en est pas ainsi; l'étude et la méditation, qui suffiraient pour dévorer la vie d'un homme, sont ce qui a dû le préoccuper le moins, et il a appris que les plus beaux chefs-d'œuvre ne peuvent servir à rien si l'on ne joint à l'art de bien écrire l'art, cent fois plus utile, de bien intriguer !

Pour moi, qui suis encore loin du but, qui ne l'atteindrai jamais peut-être, je veux au moins protester contre la malveillance et la vénalité de ceux qui se disent en France les juges de la littérature et de l'art, et qui n'en sont que les forbans ! Sans doute, ce n'est pas à un jeune homme qu'il devrait appartenir de les démasquer, c'est aux hommes dont la réputation est faite ; mais puisque les plus grands reculent devant le péril, il faut bien que quelqu'un, à défaut d'autant de talent, montre plus de courage ; et, si je dois mériter un reproche, j'aime mieux être coupable de trop de hardiesse que de trop de lâcheté.

Pour raconter les faits que je veux mettre au jour, je serai obligé de parler de moi, ces faits m'étant relatifs ; mais je le ferai sans aucun ménagement et comme s'il s'agissait d'un autre. Mon dessein n'est pas de me poser avantageusement devant les yeux du public, mais de dire en tout la vérité, dût-elle me couvrir de honte. Je rendrai mes expressions aussi franches que mes pensées, sans m'embarrasser si mon style sera élégant et de bon ton ; je n'ai pas, d'ailleurs, la prétention de faire de ceci une œuvre littéraire, mais simplement une bonne action. Quand on voit une maison qui brûle, on n'examine pas si l'on criera *au feu* en beau langage, l'important est de crier assez haut pour être entendu et sauver la maison !

Il y a sept ans, j'arrivai à Paris avec une comédie en trois actes, intitulée *Adeline*, dix francs et une lettre de recommandation pour toute fortune. C'était peu, mais sur ce peu je fondais de grandes espérances. La lettre était pour M. Cavé, directeur des Beaux-Arts (elle m'avait été donnée par un huissier de Fécamp, son intime ami). M. Cavé jouissait à Fécamp d'une grande réputation de bonté, je devais donc m'attendre à un accueil bienveillant; aussi ma première démarche fut-elle de ce côté. Mais que mon attente fut trompée! Quand M. Cavé vit de quoi il s'agissait, il me dit sèchement de m'adresser à un directeur de théâtre; que pour lui, ces choses-là ne le regardaient pas... « Si c'était, ajouta-t-il avec hauteur, d'un *service personnel* que vous eussiez besoin, je pourrais vous le rendre. » Je répondis que je n'avais besoin de rien, et sortis, trop content de n'avoir reçu d'un pareil homme aucun service.

Je n'allai pas, comme me l'avait dit M. Cavé, présenter ma pièce au théâtre; je désirais la soumettre à quelque auteur auparavant. Parmi nos grands poètes, M. Casimir Delavigne était celui dont les écrits et la réputation m'avaient inspiré le plus de confiance en son caractère. Je pris donc le parti de l'aller trouver ; j'étais un peu tremblant, ce n'était pas que je craignisse d'être mal reçu. Non ! celui-là, me disais-je, ne va pas ressembler à M. Cavé ! et je me reprochais de n'avoir pas commencé par lui... Mais mon émotion avait une autre cause, je révérais les talents, et j'allais, pour la première fois, me trouver face à face avec un grand homme !

Je me trouvai face à face avec un concierge, lequel me dit que M. C. Delavigne était à la campagne pour quinze jours. Je fis sur-le-champ de ma pièce, à laquelle j'ajoutai une lettre, un paquet, que je donnai au concierge, en lui recommandant de le remettre à M. C. Delavigne aussitôt qu'il serait de retour.

Cependant je n'eus pas la patience d'attendre si longtemps sans faire d'autres démarches. J'écrivis à M. Alexandre Dumas une lettre que je lui portai moi-même, et à laquelle je joignis un numéro de la *Revue du Hâvre*, qui contenait un fragment de ma comédie. M. Dumas me fit dire qu'il ne pouvait me recevoir dans le moment, et me priait de revenir un autre jour. Quand j'y retournai, il ne me reçut pas encore, mais il me fit demander de revenir le lendemain à deux heures. Voyant qu'il me fixait le jour et l'heure, je ne doutai pas qu'il n'eût l'intention de me recevoir. Malheureusement, comme on sait, l'*enfer est pavé de bonnes intentions* : quand je me présentai le lendemain, le domestique, après m'avoir fait attendre un demi-quart d'heure, revint me dire que Monsieur n'y était pas. On juge bien que ce fut de ce côté ma dernière tentative (1).

Le concierge de M. C. Delavigne m'avait dit qu'il reviendrait dans quinze jours. Je crus devoir laisser s'écouler trois semaines, pour lui donner le temps d'examiner ma pièce. Quand je me présentai chez lui, je trouvai sa femme, qui alla lui parler dans une pièce voisine, et revint me dire que M. Delavigne n'avait rien reçu de moi; elle me chargea de demander au concierge si mon paquet n'était point resté chez lui. A ma demande, le concierge parut fort indigné, et me répondit que tout ce qu'on lui donnait pour M. C. Delavigne lui était très-exactement remis. Je ne sus lequel soupçonner de M. C. Delavigne ou de son portier; j'avoue que le portier me parut fort honnête homme! Je portai sa réponse à madame Delavigne; elle me dit qu'elle chercherait dans les papiers de son mari, et que sous quinze jours ma pièce, si elle se trouvait, serait remise chez le concierge, où je pourrais la prendre. Les quinze jours expirés, je retournai chez le portier, qui n'avait rien pour moi. « Tenez, me dit-il, comme je me disposais à sortir, voici précisément madame Delavigne qui va passer, vous pouvez lui parler. » Ces mots furent pour moi un coup de foudre! J'étais si confus que madame Delavigne me retrouvât encore dans sa maison après l'accueil que j'avais reçu d'elle, que, bien loin de l'attendre, je me sauvai en toute hâte. Malheureusement, dans mon empressement à fuir, la doublure du pan de ma redingote, qui probablement avait de fortes dispositions à s'échapper, s'accrocha à la porte, et tomba en écharpe sur la jambe de mon

---

(1) Aujourd'hui que j'ai pu apprécier le caractère des auteurs de notre époque, s'il me fallait obtenir de l'un d'eux un service duquel dépendît ma vie, j'aimerais mieux me pendre sans doute que de l'aller réclamer; mais si enfin je n'en avais pas la force, ce serait encore à M. Alexandre Dumas que je m'adresserais de préférence.

pantalon! Je n'en pressai que davantage ma fuite! mais il n'était plus temps, madame Delavigne m'avait vu! ce qui ne l'empêcha point de passer droit, et de monter en voiture sans me parler. Voilà dans quel état je parus pour la deuxième et dernière fois aux yeux de madame Casimir Delavigne. Je raconte aujourd'hui cette scène en riant; mais je dois dire, pour la vérité, que, le jour qu'elle eut lieu, je pleurai amèrement!

Pendant quelque temps mon découragement fut grand. Je pensai que M. C. Delavigne avait trouvé ma comédie mauvaise; mais après tout, me disais-je, ce n'est pas une raison pour la garder. Je ne possédais pas de cette pièce d'autre manuscrit; mais je la savais par cœur, et n'eus que le mal de la récrire et de la faire recopier. Je me disposais sans doute à la porter au théâtre, quand je lus dans les journaux que les pièces présentées au *Français* restaient un grand nombre d'années dans les cartons (1) avant d'être jouées. Je me dis : les journaux qui crient si fort contre le Théâtre-Français, parce qu'il ne protége pas le talent, doivent en être les zélés défenseurs! et, plein de cette croyance, je résolus de me faire, en publiant des vers dans les journaux, une réputation avant de présenter ma comédie. Le premier auquel je m'adressai fut la *Revue des Deux-Mondes*. On me dit *qu'il y avait au bureau des vers pour six mois.*

Je me mis à suivre attentivement tous les journaux, et comme il m'arrivait souvent d'y trouver des vers plus que médiocres, je courais aussitôt en offrir des miens; mais on me répondait que le journal n'insérait jamais de vers, et si

---

(1) A cette époque, on représenta au Théâtre-Français une tragédie (Philippe III), qui avait langui douze ans dans les cartons, et dont l'auteur était devenu *négociant*; aussi fut-elle jouée par *tour de faveur*. Ce n'est pas d'aujourd'hui, comme on voit, que la qualité de poète est moins essentielle que celle de *négociant* pour être représenté sur nos premières scènes.

je faisais observer qu'il en avait inséré la veille ou le jour même, on me disait que c'était par extraordinaire ; j'espérais qu'une bonne fois l'extraordinaire naîtrait aussi pour moi, et, dans cette espérance, je marchai plusieurs mois sans obtenir aucun résultat. M. Chabot de Bouin, à cette époque rédacteur du *Voleur*, fut le premier qui m'accueillit avec bienveillance ; il me dit que mes vers montraient beaucoup de talent, et que, certainement, avec du courage et de la persévérance, je réussirais à me faire connaître. Comme la pièce que je lui présentais était adressée à M. Victor Hugo, il me conseilla d'écrire à M. Granier de Cassagnac pour tâcher de la faire paraître en premier lieu dans *la Presse* : dès le jour suivant, j'exécutai ce conseil. M. de Cassagnac n'inséra point mes vers ; mais il me répondit par un feuilleton, inséré dans *la Presse* du 31 mars 1839, que je lus et relus vingt fois sans en pouvoir découvrir le véritable but. Je pense tout simplement que M. Granier de Cassagnac voulut profiter d'une circonstance qui lui fournit la matière d'un article, et l'occasion de se donner à mes dépens des éloges, à lui, et à tout ce qui lui était cher. Il commençait par me féliciter d'*avoir rapporté ma première poésie à un grand poète* (1) ; puis, il me rendait grâce, pour son propre compte, *de l'opinion que je m'étais faite de son caractère et de la confiance que j'y avais puisée pour lui ouvrir les secrets de mon cœur*. La vérité est que je ne m'étais fait de son *caractère* aucune

---

(1) Bien différent de M. Granier de Cassagnac, le public, au lieu de me féliciter, me blâmera, sans doute, d'avoir adressé cette pièce de vers à M. Victor Hugo; mais voici mon excuse : Je composai ces vers sous l'impression de *Ruy-Blas* qui me sembla une pièce si belle! surtout en comparaison de toutes celles qu'on représentait sur nos théâtres, que je prêtai à l'auteur, dans mon enthousiasme pour son talent, toutes les qualités que je désirais lui voir; de sorte que mes vers à M. Victor Hugo font l'éloge d'un homme qui malheureusement n'est pas lui.

opinion; quand je lui écrivis, je n'avais jamais lu de lui une seule ligne ; je lui ouvrais mon cœur, c'est vrai, mais parce que je l'ouvrais à tout le monde, comme je fais encore aujourd'hui ; ensuite, il feignait que je lui eusse demandé des *conseils* et m'en distribuait libéralement pendant six colonnes entières ! Bien que ces conseils me parussent absurdes et malveillants, je préférais, néanmoins, ces outrages à un silence absolu ; et, parfois, je me demandais si M. de Cassagnac n'avait point encore été généreux de bien vouloir m'injurier, moi, jeune homme obscur, devant cinquante mille hommes ! Dans un de ces moments, je lui écrivis une lettre de remerciment dans laquelle, toutefois, je combattais ses idées, croyant, simple que j'étais, qu'il lui importait de connaître la vérité !.. Mais, comme il ne répondit d'aucune façon à cette deuxième lettre, je jugeai facilement qu'il avait agi pour lui, et non pour moi ; cette conviction devenant chaque jour plus forte, et croyant découvrir, d'ailleurs, dans M. de Cassagnac un ennemi du peuple, il me vint à l'idée d'aller trouver un écrivain populaire pour le prier de lui répondre ; le journal qui criait le plus contre les puissants était *le Charivari*. J'allai donc trouver le rédacteur en chef, M. Altaroche, et lui remis avec le feuilleton les vers qui lui avaient donné naissance. M. Altaroche me répondit qu'il ne pouvait me dire rien de mieux que ce que me disait M. de Cassagnac dans ses premières colonnes, et qu'il était loin d'en approuver les pensées dans la conclusion ; ce qui voulait dire qu'il approuvait les endroits où M. de Cassagnac me disait des injures, et qu'il désapprouvait celui où il me disait *de rester poète* (1). Une pareille réponse ne me découragea point ; mais elle me fit voir que je ne serais pas

---

(1) J'ai su depuis que M. de Cassagnac et M. Altaroche étaient amis intimes.

plus heureux près des journalistes que je n'avais été près des auteurs dramatiques. Ne pouvant rien publier, je me remis à versifier, me confiant dans la Providence sur le sort de mes écrits; je travaillais d'esprit et de corps, et faisais en même temps des vers et des habits. Les tailleurs chez lesquels j'étais ne s'apercevaient pas de ce double travail, attendu qu'à leurs yeux je m'en cachais comme d'un crime, et que, grâce à mon heureuse mémoire, j'aurais pu composer un volume entier sans écrire une seule ligne. La Providence, en laquelle je m'étais confié, ne tarda pas à m'envoyer une somme d'argent suffisante pour faire imprimer un petit recueil de vers. Cette brochure imprimée, je l'envoyai à tous les journaux, et notamment à M. Granier de Cassagnac (j'en portai aussi un exemplaire chez le concierge de M. V. Hugo); aucun n'en rendit compte. Je me trompe, M. Charles Le Tellier, rédacteur en chef du *Cabinet de lecture*, mit dans son journal un petit article, où il disait : *Ce jeune écrivain prendra certainement bientôt sa place parmi les poètes estimés de l'époque.* Mais, par une fatalité qui voulait me dérober toute espèce de contentement, je n'eus pas alors connaissance de cet article : encore une espérance évanouie! Ma brochure n'avait fait aucun bruit : cette fois je me crus mort; le désespoir s'empara de mon âme, et je répétais à tout moment, presque malgré moi-même, ces deux vers de Gilbert, qui me pénétraient d'une indicible tristesse :

> Tel est mon sort, bientôt je rejoindrai ma mère,
> Et l'ombre de l'oubli va tous deux nous couvrir!

Peu à peu, néanmoins, je recouvrai mon courage, croyant encore à la justice des hommes; je pensai que si les journaux n'avaient pas rendu compte de mon recueil, c'était que mes vers ne le méritaient point. Je tâchai de mieux faire, et composai une pièce de laquelle je fus si content que, malgré les rebuts que j'avais essuyés, je résolus de faire près de *la Presse* une nouvelle tentative; mais, cette fois, au lieu d'écrire à M. Granier de Cassagnac, je me présentai au bureau du journal, et demandai à un employé à quel rédacteur je devais m'adresser pour faire insérer une pièce de vers. Cet homme, qui me connaissait un peu, parce que j'étais déjà allé à *la Presse* pour faire annoncer ma brochure, eut sans doute pitié de moi, car il me savait pauvre, et il me dit : « Écoutez! Je vais vous parler franchement; eussiez-vous fait des vers aussi beaux que ceux de Lamartine, on ne vous les insérerait pas pour rien; le prix des annonces est sur le journal, celui des insertions est secret; mais il faut ou payer ou être l'ami d'un des rédacteurs : c'est le seul moyen qu'aient les jeunes auteurs pour se faire connaître. » Je m'en allai tout ébahi, et me promettant que le premier argent qui me viendrait serait consacré à cet usage.

Peut-être dira-t-on que j'aurais dû céder moins facilement à la tentation, et que j'aurais mieux fait de mourir, si je ne pouvais vivre sans renommée, que de chercher à en acquérir par de pareils moyens. Oui, ce sera le langage de beaucoup de monde; mais, outre que cela me répugnait un peu de mourir ainsi, un dessein qui n'était pas sans noblesse, peut-être, était entré dans ma pensée; je vis qu'il me fallait subir une nécessité honteuse; mais je jurai de faire connaître un jour tous ces trafics. J'aurais désiré les faire connaître sur-le-champ; mais si, alors, j'avais publié une brochure, on aurait dit : c'est un mauvais poète qui se plaint, parce que les journaux ne veulent pas insérer ses vers.... Et je me serais rendu ridicule sans profit pour personne; et le public, pour lequel je me serais sacrifié, aurait été le premier à m'accuser. Je compris tout cela, et je compris aussi que ce qu'il fallait pour combattre les journaux, c'était de m'armer de leur autorité contre eux-mêmes, et de me mettre en état de pouvoir leur dire : Vous écrasez le talent et vous trompez le public ; en voici la preuve.

Ce dessein, que je nourris depuis lors, se trouve consigné dans une lettre que j'écrivais à cette époque, et qui est revenue en mes mains par un pur hasard ; car alors, je ne pensais pas qu'il fût nécessaire de se justifier de faire le bien, et c'est parce que je l'ai appris depuis que je vais citer un fragment de cette lettre :

. . . .

« Oh ! quand je serai connu je démasquerai tous ces bri-
« gands-là ! Songe que cet homme m'a dit aussi que quand
« les journalistes et les hommes de lettres voient un jeune
« talent qui commence à percer, ils se mettent à le louer
« avec un air de protection ; et que si, au contraire, ils
« le voient pauvre et mourant, ils lui donnent le dernier
« coup. Quelle horreur ! et que je suis heureux d'être ou-
« vrier ! Oh ! je travaillerai jour et nuit, et un jour je veux
« tout dire.... Ils ont beau intriguer : leur gloire ne dure
« qu'un jour, car elle est fausse ; mais la vérité résiste au
« temps !.... »

Si quelqu'un doutait de l'authenticité de cette lettre, je le prierais, avant de m'accuser, de m'en demander communication. Elle est écrite à la date du 30 juillet 1839 et porte le timbre de la poste. Au reste, on peut voir dans mon volume, *Un courroux de poète*, publié il y a deux ans, pages 22 et 23, des strophes où les mêmes sentiments se trouvent exprimés.

Au bout de peu de temps, je portai à *la Presse* mes vers et une somme d'argent. Je dédiai ma pièce à M. Granier de Cassagnac. Je trouvai plaisant de lui dédier des vers qui contenaient des idées tout-à-fait opposées aux siennes, et que je faisais paraître en quelque sorte malgré lui, ainsi que de le remercier de ses conseils en lui prouvant que je m'étais bien gardé de les mettre à profit. Puis j'avais un but plus sérieux : le feuilleton de M. Granier de Cassagnac avait fait beaucoup de bruit, et n'avait pu manquer de produire un effet désavantageux pour moi. Ne pouvant alors le combattre par la force, je tâchai de le combattre par la ruse. Comme M. de Cassagnac avait dit dans ce feuilleton que je lui avais envoyé une pièce de vers, et qu'il n'en avait pas cité une ligne, je jugeai qu'il était adroit de faire croire que c'était à lui que je devais l'insertion de cette nouvelle pièce, afin que l'on pensât qu'il était revenu de son opinion et se rétractait à mon égard ; puisqu'il n'avait pas craint de m'accabler, je pouvais sans scrupule faire tourner, autant que possible, à mon avantage ce qu'il avait tenté contre moi. Il parait cependant que M. de Cassagnac prit ou feignit de prendre ma dédicace au sérieux ; car il répondit à M. Emile de Girardin, qui l'invitait à placer quelques lignes en tête de mes vers : « Comment voulez-vous que je donne des éloges à des vers qui me sont dédiés ? »

La pièce parut dans *la Presse* du 11 septembre 1839, à raison de deux francs la ligne. Voici le reçu qui me fut donné :

LA PRESSE, rue Saint-Georges, 16.

Reçu de M. Hilbey la somme de cent soixante francs, pour insertion dans le journal.

Nature de l'insertion : Poésie : *A la mère de celle que j'aime.*

Paris, 7 septembre 1839.

Le caissier, Pravaz.

Ce que j'avais prévu et désiré arriva ; on attribua à la protection de M. Granier de Cassagnac ce que je ne devais qu'à ma bourse. Ainsi, quelques jours après l'apparition de ma pièce de vers, on lisait dans un journal :

« M. Constant Hilbey, jeune ouvrier, a publié dans *la Presse*, sous les auspices de *M. Granier de Cassagnac*, une pièce de vers, etc.

Je demandai à l'*employé* de *la Presse* si, de la même manière qu'on faisait insérer des vers dans ce journal, on pouvait y faire rendre compte d'un livre. Sur sa réponse affirmative, j'offris cent francs pour faire rendre compte de ma brochure ; mais j'exigeai un feuilleton tout entier. Ceci souleva des difficultés. Un des rédacteurs les plus connus de *la Presse* voulait bien s'en charger ; mais il ne pouvait me promettre qu'une colonne et demie, parce qu'il craignait que M. Emile de Girardin ne laissât point passer un feuilleton entier sur une si petite brochure. Je tins bon pour le feuilleton, et le marché ne se fit pas. Je fus introduit dans le cabinet d'un autre rédacteur. Ce monsieur me dit qu'il ne pouvait également me donner qu'une colonne et demie, et qu'encore il ne le pouvait faire à moins de cent cinquante francs.

L'affaire en était restée là, quand un jour je vis entrer chez moi l'*employé* : « Eh bien, lui demandai-je, rendra-t-on compte de ma brochure pour cent francs ? — Bien mieux que cela, M. Granier de Cassagnac en rendra compte lui-même ; mais il ne veut pas d'argent. — Oh ! le digne homme ! je cours le remercier. — Un instant... il ne veut pas d'argent ; mais il vous laisse la liberté de lui faire un cadeau. » Cela me parut un peu bizarre. Je questionnai l'*employé*, qui me rapporta les propres paroles de M. Granier de Cassagnac. « Vous concevez, avait-il dit, que je ne puis pas recevoir d'argent de ce jeune homme; conseillez-lui (1) de me faire un cadeau. »

Je demandai à l'*employé* s'il savait quelle espèce de cadeau pourrait convenir à M. de Cassagnac. Il me dit qu'une théière en argent serait de son goût. «Combien cela pourra-t-il coûter?—Environ deux cents francs. — La voulez-vous maintenant? — Non, vous ne la donnerez qu'après avoir vu.... l'article. »

Peut-être trouvera-t-on que c'était un peu cher.... Eh bien, j'avoue que M. de Cassagnac m'aurait demandé le double (2), je n'aurais pas hésité davantage. On dira qu'il faut que je lui en veuille beaucoup pour lui causer aujourd'hui un pareil regret!....

M. Granier de Cassagnac ne fut pas prompt à faire son article : impatienté de ne le point voir paraître, j'allai à *la Presse* commander, en attendant, quelques lignes dans les *Nouvelles diverses*. Il me fut répondu de faire l'article moi-même. Mais, dis-je à celui qui me faisait cette invitation, je ne le ferai peut-être pas dans votre sens.—Oh! faites-le comme bon vous semblera ; puisque c'est pour vous, il vaut mieux qu'il vous plaise qu'à personne. — Mais je n'oserai jamais me donner des éloges !.. et je ne sais quoi dire...— Eh bien, dites, par exemple, que la première édition de votre livre est épuisée; cela produit ordinairement assez bon effet. — Mais ce sera mentir... car ça ne se vend pas beaucoup (j'eus trop d'orgueil pour dire que ça ne se vendait pas du tout)...—Raison de plus! si ça se vendait bien, vous n'auriez pas besoin de le mettre dans les journaux. »

Je fus assez surpris d'être ainsi érigé tout à coup en

---

(1) On voit que M. Granier de Cassagnac a toujours beaucoup tenu à me donner des *conseils*.

(2) Peut-être demandera-t-on où je prenais de l'argent, moi qui étais arrivé à Paris avec dix francs ; mais ce serait une histoire entière, et ce que je donne ici n'est point ma vie.

rédacteur de *la Presse*, moi, dont quelque temps auparavant on ne voulait pas insérer un seul vers. Je n'avais jamais écrit une ligne de prose, et j'hésitai un moment. « Ah! bah! me dis-je, si c'est mauvais, tant pis pour *la Presse*, ce n'est pas moi qui signe. » J'écrivis ces quelques lignes, dont je volai la première, que j'avais lue je ne sais où :

« Qu'on dise encore que le siècle n'est pas poétique! un nouveau *tirage* (1) des poésies de *notre* jeune ouvrier tailleur, M. Constant Hilbey, vient de paraître chez l'éditeur Delaunay, au Palais-Royal. » (*Presse*, 4 octobre 1839).

Ce petit article fut placé dans le milieu du journal, et me coûta six francs.

Je fis à la même époque rendre compte de mon recueil dans plusieurs petits journaux, à des prix divers. L'article de M. Granier de Cassagnac parut, signé de son nom, dans *la Presse* du 18 novembre, l'*employé* me l'apporta. « Je vais, lui dis-je, acheter la théière.—Non pas! M. Granier a changé d'avis; il préfère des couverts d'argent.—Combien en veut-il?—Quatre, et six petites cuillers. » J'achetai l'argenterie, et la remis à l'*employé*, lequel me dit plus tard que M. Granier de Cassagnac avait été fort content du cadeau.

Si M. de Cassagnac fut content du cadeau, je ne le fus pas moins de son article.

Il commençait par *verser sur la tête de mes pauvres vers nés dans l'atelier l'eau qui lave les souillures natales*; puis, il faisait une excursion dans l'histoire romaine, parlait de *Brutus*, de *Cassius*, de *Staberius*, de *Quintus Rémius*, de *Quintus Cecilius*, d'*Atticus*, d'Abeilard, du cardinal d'Ossat, de Saint Paul, de Jésus, de la Madeleine, de Victor Hugo (2) et de moi, tout cela pour le modique

---

(1) Il s'en était vendu sept exemplaires....
(2) M. Granier de Cassagnac, sachant que j'admirais beaucoup Victor Hugo, mit un fragment de ma brochure en parallèle avec un morceau de

prix que vous connaissez! aussi, inspiré sans doute par la noble action qu'il faisait, il terminait son article par recommander *la sainteté*!

A partir de ce moment, les journaux furent longtemps sans parler de moi, par la raison toute simple que je n'avais pas d'argent à leur donner; je vivais même avec assez de peine, ce qui ne m'empêcha pas d'entreprendre un volume de poésies. Parmi les pièces que je composai, il s'en trouva une adressée à M. de Lamartine, qui est de tous les poètes de notre époque celui que j'admire le plus. J'hésitai à la lui envoyer, d'abord parce que je la trouvais faible, et puis parce qu'il me semblait qu'un jeune homme obscur qui envoie des éloges à un poète célèbre a trop l'air de mendier sa protection, et je ne voulais plus implorer celle de personne. Cependant je me dis : les grands poètes ne reçoivent ordinairement de leur vivant que des éloges intéressés, et auxquels, par conséquent, ils ne peuvent pas croire. Si je n'attends rien de M. de Lamartine, c'est une raison pour lui écrire plus librement ma pensée, et pour que mes louanges ne soient point suspectées et taxées de bassesse. Toutefois, comme depuis longtemps je nourrissais le désir de connaître M. de Lamartine, qui était un dieu pour moi, je laissai percer ce désir dans ma lettre sans l'exprimer formellement, pour qu'il lui fût loisible de m'inviter à l'aller voir s'il le jugeait à propos, et pour ne pas

---

Ruy-Blas; s'il avait cru que j'aimasse mieux Corneille, c'est à Corneille qu'il m'aurait comparé! si toutefois il en eût trouvé digne ce dernier! Cependant, il faut le dire, en choisissant Victor Hugo, il avait un autre but que de me flatter, c'était de flatter Victor Hugo lui-même en parlant de *Ruy-Blas* une fois de plus dans *la Presse*; mais je doute que cette fois il ait atteint son but, et quelque fort que M. Victor Hugo aime le bruit, j'ai bien des raisons pour croire qu'il aurait préféré que M. Granier de Cassagnac ne parlât pas de lui ce jour-là. Mais qu'il me pardonne, je méprise tous ces éloges menteurs, que je devais à mon argent, non à mon mérite, et dont je me dépouille volontairement!

le mettre, en cas contraire, dans la nécessité de me donner un refus.

Je lui envoyai la lettre suivante, que j'eus soin d'affranchir, afin que, si elle ne pouvait lui être agréable, elle ne lui fût point onéreuse :

« Monsieur,

« Je commence ma lettre par vous prévenir qu'elle ne
« contient rien d'important, et que je n'ai en vous l'écri-
« vant, d'autre but que de vous écrire; je devrais peut-
« être avoir celui de vous remercier, car, vous avoir lu,
« c'est vous devoir du bonheur, et, à ce compte, je vous
« suis plus redevable que personne.

« Ce n'est pas la première fois, Monsieur, qu'il m'est venu
« à l'idée de vous écrire ; j'eus même autrefois l'espoir de
« vous être présenté, et, quoi que cet espoir pût avoir
« d'audacieux, je l'ai nourri, il faut bien le dire, pendant
« plusieurs années. Voici comment : il y a environ cinq
« ans, un jeune poète, appelé M. Antony Luirard, qui
« me dit être fort connu de vous, passa par le Hâvre,
« où je demeurais alors (1). Et, après m'avoir comblé d'é-
« loges pour quelques vers de ma façon, insérés dans les
« journaux de cette ville, ce monsieur me dit : « Quand
« vous serez à Paris, vous pourrez voir M. de Lamar-
« tine. »

« Je l'avoue, le plaisir que me donna cette espérance
« ne fut pas proportionné au regret que j'ai éprouvé de-
« puis de ne la pouvoir réaliser, car à cette époque les faveurs
« venaient au-devant de moi, et je ne connaissais pas tout
« le prix de celle qu'on m'offrait. J'avais bien lu les *Médi-*

---

(1) M. Luirard, que je n'ai jamais revu, venait de passer trois semaines chez M. de Lamartine : « Si vous voulez, me dit-il, être protégé quand

« *tations* à la Bibliothèque du Havre, mais j'étais trop igno-
« rant pour les bien comprendre, et trop jeune pour les
« bien sentir, je préférais Molière et Boileau. Ces auteurs,
« qui m'ont été d'un grand agrément et d'une grande uti-
« lité, m'ont guéri de beaucoup de ridicules, et peut-être
« même de défauts; ils ont, si je puis m'exprimer ainsi,

---

vous serez à Paris, faites entrer dans la fin de toutes vos pièces de vers le mot *Dieu* ou le mot *ciel*, afin que l'on reconnaisse par là de quel parti vous êtes. » Comme je ne trouvais rien de mieux que d'écrire en faveur de Dieu, je promis facilement à M. Luirard de faire ce qu'il me conseillait, et toutes les pièces que je composai à cette époque se terminaient de cette façon; mais une fois arrivé à Paris je ne tardai pas à m'apercevoir que ceux qui parlaient le plus de *Dieu* étaient ceux qui y pensaient le moins! (toutefois Lamartine fit alors exception dans ma pensée, tant mon admiration pour le génie me fermait les yeux) et ce calcul que j'avais employé innocemment, croyant servir la cause de Dieu, tandis que je ne servais que la cause du diable, me sembla un horrible blasphême! et je tâchai de le flétrir par ces vers d'*Un courroux de poète:*

> Quoi! j'irais dans la fange où l'intérêt se vautre
> Donner des bras à l'un pour exterminer l'autre,
> Et de ces mêmes bras, lâche et vil instrument,
> Pour qui *Dieu* ne serait qu'un mot de ralliement,
> Dans l'oblique détour d'une route tracée,
> Contraindre à chaque pas l'essor de ma pensée?
> Non, de ma liberté, plus fier et plus jaloux,
> Je veux combattre, ensemble, et pour et contre tous!
> Je veux, exempt de fraude et libre de contrainte,
> Bannissant loin de moi l'injustice et la feinte
> Et ne disant *je crois* qu'alors que je croirai,
> A la vérité seule offrir un culte vrai!

Malgré tout cela, et quoique je fasse aujourd'hui, comme on le voit, de graves reproches aux principes de M. Luirard, qui, du reste, était jeune et peut s'être éclairé comme moi, je ne puis m'empêcher de lui garder de la reconnaissance. Je l'ai connu à une époque de la vie où l'espérance est un si doux trésor! et il m'en a donné de si belles!..... que son apparition dans mon atelier restera toujours un de mes souvenirs les plus rayonnants!

« préparé le champ dans lequel vous deviez semer, ils ont
« ôté de mon esprit ce qu'il y avait de petit et de mauvais,
« vous y avez mis ce qu'il y a de grand et de bon.

« J'éprouve ici un besoin, Monsieur, c'est de vous prier
« de ne pas lire davantage, si cela peut vous causer quel-
« que dérangement ; car je prévois que ma lettre sera tout
« au moins un volume, et, malgré ma crainte d'être impor-
« tun, je ne puis résister au désir de vous peindre mon ad-
« miration, mon admiration tout entière, et dans toute sa
« vérité ! ce qui m'est d'autant plus facile, que je le fais
« sans aucune espèce d'intérêt et pour le seul bonheur que
« j'éprouve à le faire.

« Il fut un temps où, si je vous avais écrit, mon langage
« aurait pu être moins désintéressé ; car, quoique je n'aie
« encore que vingt-cinq ans, j'ai beaucoup souffert. J'ai
« vécu près de deux années séparé de *celle* que j'aime, et,
« pour m'en rapprocher, j'aurais tendu la main ! je ne l'ai
« pas fait cependant... et le Ciel a récompensé ma patience.
« Aujourd'hui je suis heureux ! *elle* m'a suivi à Paris, où
« ses doigts, oisifs jusque-là, ont fait l'apprentissage d'un
« travail qui, à la vérité, ne doit pas durer toujours, mais
« dont elle est loin de se plaindre.

« Si je vous parle de mon amour, Monsieur, c'est que
« c'est lui qui m'a donné le secret de vos sublimes inspira-
« tions. Pendant ce temps de souffrance dont j'ai parlé, je
« fis trois voyages à *Fécamp* ; et là, enfermé dans une pe-
« tite chambre, où elle venait me voir à chaque moment,
« je me dédommageais de tous les mauvais jours !

« Parfois nous lisions ; mais bientôt nous laissions là le
« livre, car rien n'était à la hauteur de nos pensées. Un
« volume, trouvé par un étrange hasard sur le milieu de
« la route, vint à notre secours. Ce volume, c'était les *Mé-*
« *ditations*. Oh ! alors je les compris, ou du moins je les
« sentis ; que de délicieuses larmes elles nous firent répan-
« dre ! Oui, si dans ces instants vous eussiez paru devant

« nous, nous vous eussions baisé les pieds, et adoré comme
« Dieu !

« Voici les passages qui me firent le plus d'impression,
« et qui restèrent gravés dans mon âme, où ils vibrent
« encore aussi vivants que le premier jour :

> Temps jaloux, se peut-il que ces moments d'ivresse, etc.
> Eh quoi ! n'en pourrons-nous fixer au moins la trace, etc.
> Rayon divin es-tu l'aurore, etc.
> Et je dis : nulle part le bonheur ne m'attend,
> Je ne demande rien à l'immense univers, etc.
> Vois-tu comme tout change ou meurt dans la nature, etc.
> Tel un géant armé d'un glaive inévitable, etc.
> Vois d'un œil de pitié la vulgaire jeunesse, etc.
> J'oserais, Dieu puissant, la nommer devant toi !

« Si je vous citais tous les vers que j'ai admirés, je vous
« citerais le volume entier ; mais je ne vous parle que de
« ceux qui restèrent dans ma mémoire sans que je cher-
« chasse à les retenir. Des littérateurs m'ont dit que ces vers
« qui m'ont tant passionné ne sont pas vos plus beaux ! et
« qu'il fallait me *défier* de cette admiration. Me défier ! oh !
« si c'est une critique qu'ils ont voulu faire, ils se sont gros-
« sièrement trompés et n'ont fait que votre éloge ; car je
« veux bien convenir que vous ayez des vers plus beaux,...
« mais je ne conviendrai jamais que ceux-là qui m'ont fait
« voir le ciel ne sont pas sublimes !

« Depuis ce temps j'ai eu l'occasion de lire tous vos
« autres ouvrages, et ce qui a porté au comble mon en-
« thousiasme, c'est de m'être convaincu, par ces différentes
« lectures, que tout en vous est noble ! et que votre carac-
« tère est aussi grand que votre talent ! Voilà, j'ose vous le
« dire, moi qui ne suis rien, voilà ce qui vous assure une
« gloire immortelle ; car si l'on doit se *défier* d'une admi-
« ration, c'est de celle qu'on voue à un auteur qui agit dif-
« féremment qu'il ne parle. Vainement ses paroles sédui-

« sent-elles quelques fois par une trompeuse limpidité :
« quand la source est empoisonnée nulle goutte ne peut
« être saine !

« Je ne voudrais pas clore ma lettre, Monsieur, sans
« vous raconter un trait qui est peut-être une puérilité, mais
« qui vous montrera, mieux que tout, quel rang vous oc-
« cupez dans mon esprit. Je suis heureux comme je vous
« l'ai dit, et si le malheur rend homme, le bonheur rend
« enfant ; n'ayant point de peines réelles, nous nous en for-
« geons parfois d'imaginaires pour nous attendrir, nous
« nous voyons mourir l'un ou l'autre et nous pleurons sur
« notre mort.—Un jour donc que j'étais le mourant;... Si
« tu me voyais ainsi, que ferais-tu? lui demandai-je.—Je te
« guérirais ! me répondit-elle.—Et comment?—J'irais me
« jeter aux pieds de M. Lamartine, et il viendrait te
« voir !..... (1).

« En vérité, Monsieur, il me faut un peu de courage
« pour vous dire cela, et c'est en faveur de ce courage
« que vous me pardonnerez, je l'espère, d'oser vous en-
« tretenir de pareilles simplicités.

« Je joins à ma lettre une pièce de vers qui vous est
« adressée, pièce hélas ! bien indigne de vous ! et que je
« trouve mauvaise au point que j'hésite à vous l'envoyer.
« Je pourrais y en ajouter beaucoup d'autres, car je n'en
« manque pas...... Mais, comme vous ne manquez pas
« non plus de pareils envois, je m'en abstiens.

Recevez, Monsieur, mon hommage indigne,

Constant hilbey,

ouvrier tailleur, rue des Prêtres-Saint-
Germain-l'Auxer-rois, n° 23.

30 janvier 1842.

---

(1) J'ignorais, alors, que pour arriver auprès de M. de Lamartine il fallait traverser une haie de laquais et que j'aurais eu le temps de mourir cent fois avant qu'on eût pu pénétrer jusqu'à lui.

M. de Lamartine m'adressa en réponse la lettre que voici, et me donna une leçon de politesse en ne l'affranchissant pas.

« Monsieur Constant Hilbey, *tailleur.*

« Je viens de lire, Monsieur, avec un profond intérêt,
« la lettre si *bienveillante* que vous m'avez fait *l'honneur*
« de m'écrire et je me hâte de vous en offrir ici tous mes
« remerciements. C'est une véritable bonne fortune pour
« moi qu'une pareille lettre au milieu de la *trop nom-*
« *breuse correspondance qui m'accable chaque jour.* Vous
« écrivez avec le cœur et votre cœur bat noblement ;
« voilà, je crois, Monsieur, le secret du charme bien réel
« que j'ai éprouvé à lire et votre lettre et vos vers à la
« fois si simples et si touchants. Souffrez donc que je vous
« en exprime ici ma *vive gratitude, et recevez avec tous*
« *mes remerciements* l'expression de *mes sentiments de*
« *sympathie et de considération distinguée.* »

Paris, 2 février 1842.   LAMARTINE.

Dire que cette lettre me fit plaisir serait un mensonge ; loin de là, elle me navra le cœur ! Je cherchais dans chaque mot mon Lamartine du *lac*, du *temple*, de *l'isolement*, et je ne trouvais qu'un grand seigneur qui me disait : *Tailleur, tenez-vous là !*

Peut-être dira-t-on que je suis bien difficile et que j'aurais dû être enchanté d'une pareille lettre ; aussi je ne dis pas ce que j'aurais dû ressentir, je dis ce que j'ai ressenti !

Bientôt cependant ce petit nuage jeté sur mes illusions passa comme tant d'autres, sans y porter atteinte : forcé de retirer chaque jour un peu de mon amour aux poètes, je le portai tout entier sur la poésie. Je travaillais à mon volume, sans savoir si jamais je pourrais le faire paraître, avec autant de confiance et d'ardeur que si j'avais eu cent mille francs à ma disposition ; et, chose presque miraculeuse, quand ce volume se trouva terminé, je me trouvai possesseur d'une somme grandement suffisante pour le publier.

Au moment de lui faire voir le jour, je pensai à M. Granier de Cassagnac pour en faire parler ; mais il n'était plus à *la Presse*, il n'avait que *le Globe* ; puis j'avais perdu de vue l'homme qui nous avait autrefois servi d'intermédiaire ; de quel front aller moi-même marchander avec M. Granier de Cassagnac! Cependant ne connaissant personne plus capable que lui d'emboucher la trompette, je me rendis à sa demeure avec un mot de lettre ainsi conçu :

MONSIEUR,

« Un jeune homme auquel vous avez bien voulu prêter
« autrefois votre appui désirerait avoir l'honneur de vous
« entretenir un moment, au sujet d'un volume de poésie
« qu'il va publier. Agréez, etc.   C. HILBEY.

Je rencontrai M. de Cassagnac dans son escalier ; je ne l'avais jamais vu, mais j'avais vu son image dans une caricature intitulée *Le grand chemin de la postérité*, et je le reconnus. Je le priai de jeter les yeux sur le mot de lettre dont je m'étais muni ; M. de Cassagnac, après avoir lu, me dit qu'il était fâché de ne pouvoir me recevoir dans le moment, attendu qu'il allait à la Chambre, mais qu'il me priait de revenir le lendemain à dix heures.

Le lendemain, M. de Cassagnac me reçut. « Eh bien ? M. Hilbey, me dit-il, vous faites toujours des vers. — Plus que jamais. — Et vos affaires, vont-elles bien ? — Parfaitement ; mais ce n'est pas ce qui m'occupe, et vous savez, si vous vous souvenez de moi, que je me moque de la fortune. —Pardieu, si je m'en souviens! Et vous allez publier un volume? — Pour lequel je réclame votre appui : en voici les épreuves. — Eh bien! M. Hilbey, je vais en mettre d'abord un fragment dans *Le Globe*, et quand le volume aura paru, je ferai tout ce qu'il faudra faire. » Ici était le moment difficile ; j'ouvris les lèvres pour dire *combien* : ce mot ne put sortir de ma bouche. M. de Cassagnac vit mon hésitation, et se trouvant, sans doute, embarrassé lui-même, il se hâta de me saluer, en disant : «Adieu, M. Hilbey, sous trois jours je parlerai de vous dans *Le Globe*.» Je crus que M. de Cassagnac allait faire un article et s'en rapporter à ma bonne foi. J'attendis donc trois jours, pendant lesquels je cherchai quelle espèce de cadeau je lui pourrais faire ; me souvenant que, jadis, il avait souhaité une théière d'argent, je résolus de lui en donner une s'il me faisait un bel article ; car s'il m'avait dit quelque chose de semblable à ce passage de son premier feuilleton : «Votre esprit est une citerne emplie jusqu'au bord de l'eau des lieux communs qui ont plu autour de vous ; mais les citernes viennent à sec quand on y puise, et il n'y a que les sources d'eau vive qui ne tarissent jamais.» On sent que, pour de pareilles douceurs, je n'aurais pas pu donner à M. Granier de Cassagnac une théière en argent, et qu'une théière en faïence eût été un présent bien suffisant.

Les trois jours s'écoulèrent sans que je visse rien paraître. Je retournai porter à M. de Cassagnac un mot de lettre où je le priais de me faire savoir si son intention était toujours de parler de moi ; il me fit entrer et me dit que l'abondance des matières ne lui avait permis de mettre rien encore, mais que le soir même, il allait faire passer un fragment. Le voyant si empressé, et craignant que l'article ne souffrît de trop de promptitude, je lui dis que, puisqu'il me donnait sa parole, je pouvais encore attendre huit jours. « Eh bien ! me répondit-il, puisqu'il en est ainsi, attendez trois jours seulement. » J'en attendis au moins huit, et ne vis rien paraître; il est probable que nous attendions tous les deux : moi l'article, pour savoir quel cadeau je devais acheter ; M. de Cassagnac le cadeau, pour savoir quel article il devait faire; et sachant bien qu'en pareille occasion l'on ne plaindrait pas celui qui serait dupe, nous ne voulûmes nous exposer à le devenir ni l'un ni l'autre.

Le Globe ne parla pas de moi ; voyez le malheur de n'avoir pas eu d'intermédiaire ! Au reste, une autre raison avait peut-être ébranlé la confiance de M. de Cassagnac quand il me fit l'article de *La Presse ;* il connaissait la droiture de mes sentiments, puisque, comme il l'avait dit lui-même, je lui avais *ouvert mon cœur ;* mais il savait que depuis cette époque ayant habité Paris, j'avais pu fréquenter des écrivains, et me gâter à leur contact. S'il avait cette crainte, M. de Cassagnac avait tort ; la corruption immonde qui m'a entouré de toutes parts n'a point pénétré dans moi, je le sens à mon cœur, toujours plein d'amour pour les hommes justes, et de haine pour les méchants.

J'éprouvais un grand embarras; mon volume allait paraître, et je savais, cette fois, que les journaux n'en parleraient pas d'eux-mêmes. Comment, en effet, donneraient-ils pour rien des éloges quand ils en tiennent boutique? ce serait faire tort à leur commerce, et ils entendent trop bien leurs intérêts. Je savais donc qu'il y avait dans Paris mille journalistes prêts à me servir ; mais il fallait les trouver, et ces Messieurs ont la mauvaise habitude de ne pas mettre d'enseigne; bien loin de là ; ils se gardent de se livrer aux gens sans les connaître, craignant de tomber dans *un piége.* J'étais au milieu de ces perplexités quand je reçus la lettre qu'on va lire.

« Monsieur,

« J'ai l'honneur de vous prévenir que je me dispose à
« publier prochainement sous ce titre, Les Poètes du
« *peuple*, un livre ayant pour but de relier en un faisceau
« les noms des hommes privilégiés qui ne doivent leur il-
« lustration qu'à la nature. Pour rendre la notice que je
« vous destine aussi complète que possible, il faudrait
« m'envoyer quelques documents inédits avec une ou plu-
« sieurs anecdotes empruntées à votre vie; les livres que
« vous avez publiés me seraient utiles également, puisque
« je fais entrer dans ma tâche l'appréciation des produc-
« tions des poètes du peuple.

« Agréez, Monsieur, ma considération distinguée.

Paris, 11 février 1844.

« Alph. Viollet. »

Un des rédacteurs de *la Patrie*, r. Jacob, 35,
au premier.

Un rédacteur de *la Patrie!* m'écriai-je, je suis sauvé! Et, au lieu d'envoyer à M. Viollet les documents qu'il me demandait, je courus chez lui. Il avait, sans doute, bien prévu qu'il en serait ainsi, et ce n'était pas pour rien qu'il avait mis au bas de sa lettre, *au premier*. Ce soin, toutefois, était bien superflu; j'avais d'autres occupations que de compter les étages, et j'en aurais franchi mille sans y songer pour trouver un homme tel que celui qui m'attendait au premier, rue Jacob! Je vis dans M. Viollet un homme agréable et spirituel, d'autant plus spirituel qu'il m'offrit de rendre compte de mon volume dans *la Patrie*. Il n'y eut à cela qu'une petite condition : nous convînmes que je donnerais pour quarante francs d'annonces, afin que le rédacteur en chef agréât l'article; car voici quelle était, à *la Patrie*, la position de M. Viollet : il était le portier du *Feuilleton*, et faisait *graisser le marteau*, mais comme Petit-Jean : Il lui fallait toujours :

> En rendre quelque chose,
>
> Je dois dire la plus grosse partie, et peut-être qu'encore,
>
> .... On lui donnait le soin
> De fournir la maison de chandelle et de foin.

Quand M. Viollet eut appris que je voulais faire parler de mon livre dans beaucoup de journaux, il me proposa de se charger de toute ma publicité. Il fut dit qu'il ferait passer l'article de *la Patrie*, puis qu'il en ferait passer deux autres dans le *Courrier Français* et le *Droit*. Je recommandai à M. Viollet de ne faire paraître aucun article sans citation, afin que le public sût à quoi s'en tenir.

Comme il fallait à M. Viollet le temps de rédiger les articles, je me mis à agir de mon côté; j'allai trouver au bureau d'annonces, rue Laffitte, un agent de publicité qui m'avait déjà fait insérer, quelques mois avant l'apparition de mon volume, une pièce de vers intitulée *Sur le Duel* dans le journal *la France* (numéro du 28 octobre 1845), à raison de cinquante francs, et je lui donnai pour cent francs d'insertions. J'indiquai moi-même les pièces que je voulais qu'on citât, et recommandai bien de ne pas omettre ma condition d'*ouvrier*. L'agent me dit que ce mot *ouvrier* avait suscité, lors de la première insertion dans *la France*, une petite contrariété, que cette fois il amènerait encore quelques difficultés, et me pressa vivement de ne pas exiger qu'on le mît. Je répondis qu'il fallait le mettre, ou ne rien insérer. Comme si je n'avais pas eu assez d'obstacles à vaincre, sans m'en créer à plaisir! Ce que l'homme avait prévu arriva. M. Théodore Anne, rédacteur de ce journal, lui dit : « Ah! voilà encore des bêtises! ouvrier!... il est donc ouvrier ce monsieur? — Oui, répondit l'homme, qui en voulait à Théodore Anne, et n'était pas fâché de le persifler, un ouvrier *qui a un équipage!* — Alors pourquoi signe-t-il ouvrier? — C'est parce qu'il se souvient de son ancienne condition! » répliqua notre homme à Théodore Anne, qui apparemment avait oublié la sienne. M. Théodore Anne dit que les vers allaient être insérés. La première insertion eut lieu dans *la France* du 15 février 1844 : c'était la pièce *A Gilbert*. La seconde eut lieu le 17 du même mois, c'est-à-dire deux jours plus tard, et fut précédée de ces quelques lignes :

« L'ouvrage de M. Constant Hilbey (ouvrier), intitulé *Un Courroux de Poète*, contient un grand nombre de pages qu'il nous serait *agréable* de citer à nos lecteurs. Nous trouvons dans ce livre un dialogue entre un poète et la muse. Le poète désolé veut renvoyer la muse ; et, lorsqu'elle le quitte, il s'écrie .. »

Puis suivaient les vers.

Voici les reçus pour toutes ces insertions :

« Reçu de M. Hilbey la somme de cinquante francs, pour insertion dans le journal *la France*.

« Paris, le 27 octobre 1843.

« Ch. Jorèle. »

« Reçu de M. Constant Hilbey la somme de cent francs, pour insertion dans le journal *la France*. Pour paraître dans le courant de février 1844.

« Ch. Jorèle. »

Le premier article que M. Viollet fit paraître fut celui du *Courrier Français*. Il était placé dans le feuilleton (numéro du 27 février 1844), et contenait vingt-sept lignes de prose et une citation de trente-deux vers. Voici un échantillon des louanges qu'on m'y donnait :

« Quoi qu'il en soit, voici venir un jeune homme à l'esprit trop large pour être vain. Dédaigneux des préjugés et fier courtisan de la gloire, il s'empresse d'ajouter à son nom ouvrier, comme s'il voulait ainsi protester contre l'art en faveur de la nature. Les poésies de Hilbey, malgré leur titre, sont un chant d'amour d'une suavité et d'une mélodie ravissante, qui puise ses inspirations dans les influences magnétiques de la beauté resplendissante des grâces angéliques de l'adolescence, et dans l'immense sympathie d'une âme vierge qui répond à la sienne. Ces poésies, c'est l'expression vivante de la jeunesse s'abreuvant aux sources divines de l'amour chaste et profond ! »

Suivait la citation.

Cet article me coûta cent francs.

M. Viollet, malgré ma recommandation de ne faire paraître aucun article sans citation, mit pourtant dans *le Droit* six ou sept lignes, où ce journal m'assignait, pour vingt-cinq francs, *une place distinguée parmi nos poètes contemporains*.

M. Viollet ne me prit rien pour la rédaction de ces articles ni de ceux qui vont suivre; mais il lui était fait une remise par les journaux sur chaque insertion. Cette remise, toutefois, était très-minime, et compensait à peine son temps : aussi n'est-ce pas lui que j'accuse, mais les journalistes, qui insèrent pour de l'argent tout ce qu'on leur donne, et font l'éloge qu'on vient de voir d'un livre qu'ils n'ont pas lu; de sorte qu'on pourrait, avec de l'argent, faire une réputation de poète à un homme qui n'aurait jamais écrit une ligne !

L'article de *la Patrie* parut le 3 mars; il avait quatre colonnes dans le feuilleton, et finissait ainsi :

« Et maintenant, je le conçois, vous me demandez des détails sur ce Hilbey, que vous croyez confusément connaître; il a, en effet, renouvelé chez vous ces suaves et pures émotions que vous avaient fait éprouver les plus délicieuses pages de Bernardin de Saint-Pierre, de Jean-Jacques, de Goldsmith ! Hilbey, c'est la personnification de cet amour pur qui unit la terre au ciel ! Hilbey, c'est une grande, noble, exceptionnelle organisation, qui, semblable à ces harpes éoliennes sonorisées par les airs, vibre sous le souffle de la nature. Hilbey, puisque vous voulez le savoir, c'est l'enfant des champs : pauvre, sans instruction, c'est le prolétaire écrasé par l'humilité de sa naissance, par l'égoïsme et l'orgueil des riches et des puissants, mais, marqué au front par le Créateur du sceau du génie. Et pour vous personnellement, qui que vous soyez, quand vous aurez lu les poésies de ce jeune homme candide, simple, sublime, vous ne le jalouserez pas, vous l'admirerez, Hilbey sera votre ami. »

M. Viollet me dit que si je voulais consacrer cent francs à une nouvelle insertion dans *la Patrie*, le rédacteur en chef me donnerait volontiers un feuilleton tout entier. J'acceptai, à la condition qu'il insérerait le dialogue qui commence mon volume. Le rédacteur aurait préféré des poésies *à Séraphie*, attendu que dans ce dialogue *j'attaquais la presse*; mais c'était justement pour cette raison que je lui donnais la préférence, je trouvais plaisant d'amener les journaux à se flétrir eux-mêmes pour quelque argent. Le dialogue parut, précédé de ce préambule.

FEUILLETON DE LA PATRIE DU 11 MARS.

UN COURROUX DE POÈTE,

Par Constant Hilbey (ouvrier).

« Dans un de nos derniers numéros, nous avons rendu compte avec éloges d'un recueil de poésies publié par M. Hilbey : la situation exceptionnelle de ce poète qui, simple ouvrier, sans instruction première, s'est élevé par la richesse de sa nature et les ressources de son imagination a un véritable talent, *nous a fait donner une attention toute particulière à son œuvre*. Ce jeune poète, dès son début, a revêtu un caractère que nous croyons définir exactement, en disant que *c'est le chantre de l'amour spiritualisé*. Les émotions les plus douces, les sentiments les plus tendres respirent dans presque toutes les pièces dont se compose son volume; toutefois *nous choisissons* pour l'en extraire la première pièce qui est aussi la principale. On y remarquera une manière hardie et vive, mais pleine de verve et d'originalité. »

Un article, *Variétés*, parut dans *le Droit* du 13 mars. Voici ce qu'on y lisait.

« Tout au rebours des écrivains malencontreux qui par fortune sont condamnés à développer dans plusieurs colonnes d'un grand journal le mérite ennuyeux et souvent négatif d'énormes in-folio, j'ai pour tâche de parler dans un espace très-circonscrit d'un petit volume de poésies qui, dès son apparition à l'horizon du monde littéraire, produit une vive sensation et engendre plus d'une polémique. D'abord est-il bien certain, se dit-on, que ce livre soit d'un ouvrier, d'un esprit inculte, le génie poétique peut-il exister par les seules forces de la nature? Renfermé comme je le suis dans le cercle de Popilius, je ne puis suivre personne dans le champ infini de l'hypothèse : homme d'imagination, je dois réprimer l'essor de mon imagination, homme d'intelligence, il me faut regretter l'abondance des pensées que font naître chez moi ces poésies trop charmantes peut-être pour qu'on admette la réalité du phénomène qui les a produites. Du moins je puis dire sommairement que les poésies de Hilbey ne sont point appelées à un succès éphémère; elles seront dans tous les temps la lecture favorite des âmes tendres, des cœurs purs, des esprits nobles et élevés; et pour les dessiner d'un seul trait, elles semblent être écloses sous le souffle divin qui créa l'amour au premier jour du monde ! » Suivaient trente vers.

Cet article me coûta cent cinquante francs. Voici le reçu de M. Viollet.

« Je reconnais avoir reçu de M. Hilbey la somme de quatre cent trente-cinq francs pour insertions diverses dans les journaux, *le Droit, la Patrie, le Courrier français*, et divers journaux littéraires, et que je n'ai rien à répéter contre lui. ALPH. VIOLLET.

L'article du *Droit* ainsi que la citation fut reproduit gratuitement par la *Gazette de France* (14 mars) à laquelle j'en sus gré quelques jours; mais j'appris bientôt que la *Gazette* s'imprimant dans la même imprimerie que *le Droit*, avait pris cet article qui se trouvait tout composé, par une simple considération d'économie ! O grandeur de la presse !

Ainsi me voilà donc proclamé le premier poète de l'univers, parce que j'avais hérité de quelques mille francs ! Quoi ce *Bernardin de Saint-Pierre* ! Ce *Jean-Jacques* ! ce *Goldsmith* ! Quoi ! *le fier courtisan de la gloire* ! *le chantre de l'amour spiritualisé* ! *le phénomène qui a produit des poésies qui semblent être écloses sous le souffle divin qui créa l'amour au premier jour du monde* ! en un mot ce dieu ! tel est celui que vous avez pendant cinq années abreuvé de vos rebuts et de vos dédains ! Et vous avez pu croire qu'il vous le pardonnerait ! Mais non, je veux vous parler sérieusement : ce que je vous reproche ce n'est point de m'avoir rebuté, je le méritais, sans doute, mais c'est d'avoir pour quelque argent insulté des morts illustres dans leurs tombes ! et profané leurs noms en me les appliquant !

Rassasié de tant de gloire, et aussi manquant d'argent pour en acheter davantage, je m'endormis pour quelque temps sur mes lauriers ! Je me trompe, moins fier que cela je me remis tout simplement à coudre des habits ou plutôt des petites vestes d'enfant, car j'ai adopté cette spécialité, attendu qu'elle demande moins de soins et d'intelligence, et j'ai bien eu raison, car je reçois assez souvent encore des reproches de mon patron. Un jour il venait de me faire un sermon effroyable pour de l'ouvrage qui se trouvait en retard de quelques heures ; mais enfin il venait de sortir, et je commençais à respirer, quand mon concierge m'apporta cet autre sermon !

Monsieur Constant Hilbey, ouvrier.

« J'ai lu, Monsieur, votre remarquable volume; il y a
« dans vos beaux vers plus que de beaux vers; il y a une
« âme forte, un cœur élevé, un esprit noble et robuste.
« Dans votre livre il y a un avenir. Continuez; soyez tou-
« jours ce que vous êtes, poète et ouvrier, c'est à-dire pen-
« seur et travailleur.

« La belle épître que vous m'adressez me touche pro
« fondément : c'est du fond du cœur que je vous en remer-
« cie ; c'est du fond du cœur aussi que je vous félicite pour
« tout le volume.

« Agréez, Monsieur, je vous prie, l'assurance de mes
« sentiments distingués.

« Victor Hugo. »

9 mai.

« Parbleu ! dis-je, voilà d'excellents conseils qui m'arrivent. J'ai de bonnes raisons pour *rester ouvrier*, et les trois sous que vient de me coûter cette lettre me feront travailler ce soir une heure de plus. »

L'impression qu'elle me causa ne fut pas la même, comme on le voit, que m'avait causée, quelques anenées auparavant, celle de M. de Lamartine. Je savais, cette fois, à quoi m'en tenir sur le compte de nos tendres poètes. J'avais examiné de prés leurs actes, et les avais trouvés si indignes de leurs écrits, qu'il en était résulté chez moi une parfaite indifférence pour tout ce qu'ils faisaient et disaient. Et cela me fit pitié de voir un homme qui emplissait les journaux de réclames pour se faire nommer pair de France, oser donner des conseils, quand il aurait eu si grand besoin d'en demander ! Sa lettre, dans le fond, n'était pas plus malveillante que celle de M. Lamartine, peut-être au contraire, mais elle était beaucoup moins adroite... et puis il y avait cette différence, que j'avais écrit à M. de Lamartine, et m'étais mis, par conséquent, dans l'obligation de recevoir de lui telle réponse qu'il lui plairait m'envoyer ; au lieu que Victor Hugo m'écrivait de lui-même, sans que je lui eusse jamais écrit, pour me donner des conseils que je ne lui demandais point, et dont je n'avais que faire ; j'avais assez de ceux de son ami, M. Granier de Cassagnac !..

Je ne repondis pas à M. Victor Hugo particulièrement ; mais je songeai à lui répondre publiquement par la voie des journaux. Je me remis à mon travail, et, tout en cousant mes vestes, je composai de mémoire la lettre qu'on va lire.

On sentira que, voulant mettre cette lettre dans les journaux, je fus obligé de garder beaucoup de mesure, et de me restreindre dans des limites fort resserrées, attendu d'ailleurs que cela m'allait coûter 3 francs 50 centimes la ligne.

A Monsieur Victor Hugo.

« J'ai reçu, Monsieur, la charmante lettre que vous avez
« bien voulu m'adresser, et je suis confus de n'avoir pas
« été le premier à vous écrire. Ce n'est pas faute d'admira-
« tion pour votre beau talent, car nul ne l'admire plus que

« moi; mais je me suis, étant tout jeune, adressé à deux
« poètes en renom, et leur accueil a été tel, qu'il m'a ôté
« l'envie de m'adresser jamais à d'autres. Vous, Monsieur,
« bien différent de ces deux hommes, vous venez de vous-
« même aujourd'hui me prodiguer des éloges ; seulement,
« après avoir porté ces éloges jusqu'à me dire qu'il *y a
« dans mes beaux vers plus que de beaux vers, qu'il y a
« une âme forte, un cœur élevé, un esprit noble,* etc.,
« vous ajoutez : *soyez toujours ce que vous êtes, poète et
« ouvrier.* Je crois, Monsieur, qu'il m'est aussi impossible
« de ne pas rester poète, si je le suis, que de le devenir si
« je ne le suis pas. Quant à rester ouvrier, je reçois
« d'autant mieux cet avis, qu'il est précisément celui de
« tous les gens qui comme vous me veulent du bien ; il me
« fut donné, il y a quelques années, dans le journal *la
« Presse*, par un grand critique que vous connaissez fort...
« excellent homme, qui, par une extrême générosité,
« me *rendait chagrin pour m'empêcher d'être malheu-
« reux* (1).

« Ce qu'il y a de plus gracieux dans cela, c'est que tous
« ces conseils m'ont été donnés sans qu'il me soit arrivé
« d'en demander aucun. De toutes parts on me crie :
« Restez dans votre condition ! » Eh ! mon Dieu ! Mes-
« sieurs, est-ce que je parle d'en sortir? D'ailleurs, il m'est
« bien indifférent d'être d'une condition ou d'une autre ;
« je suis, avant tout, un homme, et je ne connais qu'une
« élévation, celle de l'âme ! Quand l'esprit travaille, le
« corps n'est pour lui qu'un fardeau qu'il traîne comme il
« le peut, qu'importe que ce fardeau s'appelle un ouvrier
« ou un roi !

« Pour vos encouragements, Monsieur, ils sont très-
« nobles, sans doute, et je désirerais pouvoir en profiter ;

---

(1) Voir la *Presse* du 31 mars 1839.

« mais j'ai reconnu depuis longtemps que des encourage-
« ments n'ont jamais fait un poète, et sont également in-
« utiles à ceux qui n'ont pas de génie et à ceux qui en ont (1):
« à ceux qui n'en ont pas, parce que rien ne peut leur en
« donner; à ceux qui en ont, parce que le poète, loin d'a-
« voir besoin d'être encouragé, a pour mission, au con-
« traire, d'encourager et de consoler les nations!

« C. Hilbey. »

Le public, qui a vu cette lettre, et ne connaissait pas tous mes motifs.... a dû me trouver bien ombrageux; mais je savais que plus tard tout s'expliquerait, et aujourd'hui que je ne suis point obligé de calculer l'espace, je veux analyser ligne à ligne la lettre de M. V. Hugo, afin de montrer si j'eus tort ou raison.

J'ai lu, Monsieur, votre remarquable volume. Alors Monsieur, puisque vous avez lu mon volume, vous avez dû y voir ces vers :

> Et que me font à moi le plaisir, la misère ?
> Heureux ou malheureux, mes jours doivent finir,
> Mais si de son flambeau la gloire les éclaire
> Rien n'en effacera l'éternel souvenir!

Et vous plus occuper de mon existence matérielle que moi... c'est

---

(1) On sent que je fais une très-grande différence entre *encourager* et *protéger;* car si des encouragements, surtout tels que ceux de M. Victor Hugo, ne peuvent servir à rien, une protection peut sauver de la mort et de l'oubli. Ainsi les auteurs du temps de Gilbert qui étaient si loin de le protéger et ne désiraient que sa perte, l'encourageaient cependant; *travaillez,* disaient-ils, *vous avez des talents,* mais en même temps ils lui fermaient toutes les issues; véritables bandits embusqués derrière une porte pour empêcher de l'ouvrir, ils criaient au jeune homme qui était de l'autre côté et voulait entrer : «Poussez fort, mon ami, poussez fort!» Mais aussi malheur à eux! car le jeune homme était un Hercule et ne put enfoncer la porte qu'en leur brisant les reins!

.... Prendre avec un zèle extrême,
Les intérêts du ciel plus qu'il ne veut lui-même.

Peut-être avez-vous cru que j'avais écrit cela sans le penser ; mais s'il en est ainsi, vous êtes dans l'erreur, je fais des vers pour exprimer mes sentiments et ne cherche point de sentiments pour faire des vers. *Il y a dans vos beaux vers, plus que de beaux vers, il y a, etc.* Voici les éloges à l'aide desquels vous vouliez faire passer le reste, croyant que je serais assez fou pour mettre dans les journaux votre lettre que le public qui ne connaissait pas le fond des choses aurait encore trouvée très-généreuse, et qui ne m'aurait servi qu'à ensevelir dix années de luttes sous les plis de votre manteau !

Dans votre livre il y a un avenir. Vous pouviez vous tranquilliser, M. V. Hugo, je n'étais pas assez vain pour me figurer qu'il y eût dans mon livre un *présent. Continuez*, il fallait ajouter : « Puisque rien ne peut vous arrêter, » *soyez toujours ce que vous êtes, poète et ouvrier*. D'abord, Monsieur, on ne doit voler personne, mais encore moins ses intimes amis, et ici vous volez M. de Cassagnac, qui m'avait dit dans son premier feuilleton : *Restez ce que vous êtes, poète et ouvrier,* à moins que cette phrase ne lui ait été soufflée par vous et que vous ne fassiez ici que reprendre votre bien..... Ensuite il paraît que les conseils coûtent moins à donner que les services à rendre ; car de toutes parts je reçois des conseils, et je n'ai jamais reçu un service ; si les personnes qui se plaisent tant à me conseiller m'avaient obligé seulement une fois en ma vie, je recevrais leurs avis par reconnaissance... D'ailleurs, dire à un malheureux qui use à travailler sa jeunesse et sa vie : « Restez ouvrier » est une atroce ironie ! C'est comme si, quand on voit un homme qui se noie, on lui criait : « Mon bon ami, restez dans l'eau !» M. Victor Hugo ! Si j'avais quelque talent, cette lettre serait pour vous une **honte** éternelle ! et quoique je n'en aie aucun, elle restera toujours une mauvaise action ; car ici il y a autre chose qu'un mauvais poète, il y a un pauvre ouvrier que l'on raille, et savez-vous à quel homme vous dites de rester ouvrier ! C'est à un homme qui, pour l'avoir été trop,.. a gagné une maladie qui l'emportera au tombeau !

« Imbécille ! allez-vous me dire, il s'agit bien de cela ! C'est de la philosophie que je vous prêche et de la plus belle de toutes ! » Oui, j'en conviens, cela peut être en effet fort beau ! Mais mettez cette sagesse en pratique ou ne la prêchez point, et si la condition d'ouvrier vous semble si avantageuse, je vous fais l'offre de vous apprendre gratuitement mon métier à vous et à vos enfants ! Vous me trouverez prêt alors à vous écouter ; mais jusque-là, permettez-moi de rire de votre philosophie ou plutôt de votre égoïsme ! Car ne rien faire et dire aux autres de travailler ne peut, je crois, s'appeler autrement...... Jésus-Christ, que vous vantez souvent, mais qui dans le fond est votre plus grand ennemi ! Jésus-Christ disait aux pêcheurs : « Quittez vos filets, et je vous ferai pêcheurs d'hommes ; » vous autres, vous leur dites : Ne quittez point vos filets, continuez à pêcher des poissons pour servir notre table ; car nous sommes les apôtres de la gourmandise, et notre royaume est une marmite ! et notre seul cri sur la terre est *que mangerons-nous ; que boirons-nous ; de quoi nous vêtirons-nous ?* (1).

C'est-à-dire penseur et travailleur. Phrase ! *La belle épître que vous m'adressez me touche profondément.* Je n'en suis pas surpris, il y avait cinq ans que vous la méditiez, à moins que votre concierge ne ressemble à celui de M. Casimir Delavigne, et ne vous ait pas remis ma bro-

---

(1) L'*Illustration*, dans son numéro du 11 mars 1843, disait, en parlant de moi : *Qui tissera la toile, qui fondra le fer et le bronze, qui taillera la pierre et le marbre, si de chaque peloton de fil, de*

chure. *C'est du fond du cœur que je vous en remercie.*
Puisque cela vous a touché *profondément*, vous ne pouvez m'en remercier que du *fond* du cœur; *c'est du fond du cœur aussi que je vous félicite pour tout le volume.*
Toujours de ce même *fond* du cœur, qui est touché *profondément!*

Maintenant, monsieur V. Hugo, que je vous ai dit ce que vous avez eu tort de m'écrire, je vais vous dire ce que vous m'eussiez écrit si vous eussiez voulu être sincère. Vous m'eussiez dit : « Monsieur, si vous voulez être poète, ou plutôt vous faire une réputation de poète, ce qui n'est pas du tout la même chose, voici comment il faut vous y prendre : d'abord, si vous n'avez pas d'argent, n'essayez pas; mais si vous en avez, faites ceci : Vous avez publié un volume, et je vois que vous vous y entendez... mais vous n'avez jamais fait jouer de pièce de théâtre, et, si vous en faisiez représenter une, cela fixerait davantage l'attention sur vous. Les journaux, d'ailleurs, ne peuvent se taire sur une œuvre que le public voit, comme sur un volume qui reste enterré

---

chaque kilogramme de fer, de chaque bloc de marbre, il sort un rimeur et une tragédie? On lisait dans le même article : *Il est probable que M. Hilbey frappe en ce moment à la porte de l'Odéon ou du Théâtre-Français, et avant huit jours nous lirons, dans quelque journal bien informé, un jeune tonnelier, ou miroitier, ou cordonnier de Fécamp a lu hier, devant messieurs les comédiens ordinaires du roi, une tragédie qui renferme des beautés du premier ordre, c'est du Corneille mêlé de Racine, assaisonné de Shakspeare; en conséquence, l'ouvrage a été reçu à corrections.*

Ah! Messieurs, vous saviez donc qu'on ne recevait qu'à corrections les pièces des ouvriers, et vous ne nous en disiez pas le motif; par bonheur je le savais et je vous l'ai dit, moi, qui ai fait recevoir à *l'unanimité* et jouer par *tour de faveur* mon *Ours!* Vous ne vous attendiez guère à cela. Cet article de l'*Illustration* n'était pas signé; mais si quelqu'un désire en connaître l'auteur, il peut aller trouver M. Rolle, ancien rédacteur du *National*, qui, *j'en suis sûr*, pourra le lui indiquer.

dans la boutique du libraire. Composez donc une pièce, puis faites marché avec un théâtre royal pour la faire représenter. S'il y a dans ce théâtre une actrice célèbre, tâchez de lui faire accepter votre principal rôle ; puis, quand elle l'aura appris et répété, retirez-le-lui, et le donnez à une autre, cela fera sensation. Vous pourrez, il est vrai, briser l'avenir de cette actrice ; mais, qu'importe ! ne regardez que vous ! *vos intérêts ne se peuvent balancer avec ceux des autres !* ensuite, le jour de la première représentation, ayez soin de bien graisser le battoir du chef de claque, afin qu'il fonctionne souplement et vous *fasse un succès*. Faites applaudir de la sorte pendant un certain nombre de représentations ; et, si vous voyez qu'il ne se mêle aucun coup de sifflet aux applaudissements de vos *romains*, c'est un signe que vous n'avez pas d'ennemis, et par conséquent que votre pièce n'est pas bonne. Tremblez donc ! mais non, au contraire, soyez brave ! montez une cabale contre vous-même, faites siffler votre pièce aux endroits les plus beaux, afin que cela ait l'air d'un acte de malveillance. Puis rédigez, ou faites rédiger par un ami, cela revient au même, un article à peu près ainsi conçu, et le mettez dans les journaux :

BULLETIN THÉATRAL.

« Une opposition systématique, injuste et maladroite, importunée du succès des *Burgraves*, a essayé de le troubler aux deux dernières représentations, en interrompant la pièce *aux endroits jusqu'ici toujours le plus unanimement applaudis.* Nous devons au public impartial, qui *accourt en foule* avec une curiosité si littéraire au beau drame de M. V. Hugo, et dont certaines *coteries* voudraient étouffer *la souveraine juridiction,* de l'avertir de la violence que l'*intrigue* veut lui faire. L'*espace nous manque* pour démontrer, en citant les vers attaqués, l'évidente mauvaise foi *des malveillants* et qu'avec ce parti pris d'interruptions inintelligentes, aucune pièce de *Corneille*, de *Molière* ou de *Racine* n'irait jusqu'à la fin. Le public, averti, n'aura pas grand mal à reconnaître que c'est *une cabale montée;* la généreuse jeunesse des écoles, qu'on cherche à ameuter contre un grand *nom* littéraire, ne tombera pas dans le *piége qu'on lui tend;* elle sera la première à *démasquer* les dix ou douze malveillants qui voudraient faire la loi à toute une salle. Nous le répétons, c'est à la liberté du *public* qu'on attente : pour juger, il faut entendre. Le *public* ne souffrira pas qu'on lui supprime ainsi son droit, et qu'on lui dérobe une pièce qui lui appartient. Le poète a le droit d'être écouté, et le *public* a le droit de juger. Le *public* sait qu'en faisant respecter le poète, c'est lui-même qu'il fait respecter. » (*Siècle* du 28 mars 1843.)

« Le public, qui n'*accourait* pas *en foule*, mais dont la curiosité sera piquée par un pareil article, *accourra* véritablement pour voir, non la pièce, mais le scandale qui s'y fait, et cela donnera pour quelques jours encore la vie à votre ouvrage; et comme cette vie ne sera que factice, si bientôt elle vient à s'éteindre tout à fait, on ne dira pas que votre pièce est morte de sa belle mort, mais qu'elle a succombé sous l'effort de la *cabale*, et l'on plaindra le sort du poète opprimé !

« Ce n'est pas tout ; si vous rencontrez sur votre route quelque jeune poète, c'est un serpent naissant qu'il vous faut écraser. D'ailleurs, les catastrophes de ce genre que nous causons sont ce qui grandit notre renommée, et, pour être adorés comme des dieux, il nous faut bien aussi des victimes ! Quant aux poètes en renom, si vous en voyez qui vous portent trop d'ombrage, déclarez-leur une guerre acharnée; mais n'allez pas être assez sot pour écrire vous-même vos attaques et les signer de votre nom, car on vous taxerait de jalousie, et, tout en remplissant l'office *d'un loup ravissant*, il faut avoir bien soin de vous couvrir *d'une peau de brebis.* Payez donc un écrivain, ou faites avec lui un échange de services, pour qu'il vous prête son poignard et son poison, c'est-à-dire sa plume et son fiel. Mais ne vous arrêtez pas aux poètes vivants, attaquez aussi les morts. Les morts sont nos plus dangereux rivaux et ceux qu'il faut combattre les premiers.

« Voilà, Monsieur, comme il faut être doux, juste, sensible et sincère, pour avoir de nos jours la réputation du plus doux, du plus sensible, du plus juste, du plus parfait de tous les hommes! C'est-à-dire la réputation d'un poète! »

Voici, Monsieur, ce que vous eussiez dû m'écrire, et avant de terminer sur votre compte, je veux vous dire qu'il m'est pénible d'être obligé de vous traiter ainsi! quand il me serait si doux de n'avoir pour vous que de l'admiration! Car je dois aussi vous dire qu'à mon avis, dix vers d'Hernani, de Ruyblas, de Marion de l'Orme et même des Burgraves, valent mieux que toutes les tragédies représentées sur nos théâtres depuis dix ans! Mais c'est pour cela que je vous en veux de vous dégrader de la sorte et de rivaliser de charlatanisme avec tous les pygmées de l'époque, quand ce devrait être à vous de les démasquer! Que je voie des écrivains sans talent jaloux, intrigants, malveillants, cela ne me surprend nullement et ne me fait nulle peine; mais que je voie des hommes comme vous, comme M. de Lamartine, se livrer aux mêmes passions, voilà de quoi je suis confondu! On n'est pas étonné de voir la nuit toute noire; mais on est étonné de trouver une tache au soleil! et malheureusement vous êtes des soleils auxquels on en peut découvrir beaucoup!

Mais revenons à nos moutons. Le 5 mai 1844, je reçus la lettre que voici :

Monsieur,

« J'ai inséré avec empressement dans mon recueil des
« *Beaux arts*, le compte rendu de vos charmantes poé-
« sies; comme elles ne sauraient être trop connues, et que
« vos vers décèlent le génie du poète, je vous invite à
« venir me voir *jeudi*, à 4 heures, ayant à ce sujet une
« proposition à vous faire qui pourra vous être agréable.
Recevez, Monsieur, l'assurance de ma considération distinguée.

De Moléon.

26, rue de la Paix.

Je me rendis à l'invitation de M. de Moléon que je ne connaissais point, mais qui avait, par l'entremise de M. Viollet, rendu compte de mon volume dans son recueil des Beaux Arts. Comme il le dit dans sa lettre, ce journal est un de ceux qui figurent dans le reçu de M. Viollet sous le nom de *Journaux littéraires;* il me fut compté à 10 francs. M. de Moléon m'offrit de faire rendre compte de mon livre moyennant 460 fr., dans le feuilleton du journal des *Débats*. Il n'y avait rien là pour moi d'extraordinaire; presque tous les journaux avaient parlé de mon volume aux mêmes conditions. Déjà même on m'avait offert de me faire avoir pour 500 francs, dans les *Débats*, un article d'un écrivain fort connu, trop connu même! et c'est pourquoi je refusai; je ne voulais payer que des gens que je pourrais démasquer plus tard, et je trouvais plus qu'inutile de démasquer ceux qui l'étaient depuis longtemps; d'ailleurs je m'étais dit : tout en se faisant payer, *il* ferait encore le pédant! Je préfère un écrivain sans prétention, qui agira pour ma réputation sans penser à la sienne. Je fis donc affaire avec M. de Moléon; le point embarrassant était que, dans l'instant, je n'avais pas d'argent (je manque souvent d'argent, mais la Providence y pourvoit). Cette fois un avocat chargé de mes affaires en avait pour moi ; mais il demeurait à *Fécamp*, et depuis plusieurs mois qu'il avait touché en mon nom une somme assez considérable, il s'en servait tranquillement, au lieu de me l'envoyer. Je lui écrivis une lettre fort franche, et qu'il trouva *inconvenante*. Dans sa réponse, il paraissait fort courroucé, me disait de venir chercher moi-même *mes fonds* et me proposait presque un duel... Ce n'était pas là ce que je demandais... J'avais besoin de mon argent, et je n'avais que faire d'un coup de pistolet! Je suivis toutefois le conseil de cet honnête avocat, et partis le jour même pour *Fécamp;* arrivé là, je lui envoyai pour adversaire un huissier ! le combat ne fut pas sanglant, mon homme, devenu doux comme un mouton, rendit presque sur le champ les *armes* que j'envoyai immédiatement à M. de Moléon. C'est dans ce moment que je lui écrivis les lettres qu'on a vues figurer dans mon procès.

J'avais chargé M. de Moléon de mettre aussi dans les journaux quelques lignes sur mon voyage à *Fécamp;* mais voyant qu'il me demandait 500 francs pour une chose qui valait 50 francs, je lui écrivis *que je renonçais aux articles de voyage*. Je ne tardai pas à renoncer à M. de Moléon lui-même, car au lieu du compte rendu qu'il m'avait promis, il fit paraître dans les *Débats* une *réclame* qui aurait à peine valu cent francs pour quelqu'un qui en aurait eu besoin, et qui pour moi ne valait rien, bien au contraire... Je résolus toutefois de profiter de cette circonstance pour faire un procès qui serait un moyen de publicité comme un autre, et pourrait me servir à dévoiler les trafics dont le secret me pesait chaque jour davantage et m'aurait à coup sûr donné une terrible agonie s'il m'avait fallu mourir sans le révéler.

De retour à Paris, ma première occupation fut de publier ma lettre à V. Hugo, que je n'avais pu, faute d'argent, faire paraître plus tôt; elle parut en premier lieu dans *le Droit*, le 21 juillet 1844, à raison de 117 francs, j'en ai le reçu, et fut reproduite le lendemain 22 dans *la France*, à raison de 50 francs. J'en possède le reçu également. Voici les quelques lignes dont elle était précédée :

« Nous lisons dans *le Droit* une lettre adressée à M. Victor Hugo par M. C. Hilbey, auteur d'un livre remarquable intitulé : *Un Courroux de poète*, dont nous avons *souvent cité les charmants vers* : nous nous *empressons* de la mettre sous les yeux de nos lecteurs. »

Ma lettre fut encore reproduite par plusieurs journaux dont je ne puis parler ici, n'en ayant point obtenu de reçu : j'excepte, toutefois, *l'Estafette*, qui la reproduisit pour la même raison qui avait fait reproduire mon article du *Droit* par la *Gazette de France*, c'est-à-dire parce que *l'Estafette* s'imprimant avec *la Patrie* dans laquelle j'avais fait insérer ma lettre, n'eut point à payer de frais de composition.

Cela fait, j'intentai un procès à M. de Moléon, et me mis en quête d'un avocat. Celui auquel je m'adressai fut M. Emmanuel Arago. Insensé que j'étais ! Je voulais dire au public comment se fabriquaient les réputations, et j'allais prendre pour avocat le fils d'un homme célèbre. Aussitôt que j'eus vu M. Arago, j'eus regret d'être allé le trouver, et compris que ce n'était point mon homme; mais il était trop tard pour reculer... Quand je lui eus donné le détail de mon affaire, il me répondit qu'il me conseillait de renoncer à ce procès, qui était scandaleux au dernier point. « Songez, me dit-il; vous avez envoyé à M. de Moléon un article sur votre voyage, écrit de votre main : il ne manquera pas de produire ces pièces, et je crains pour vous le ridicule... D'ailleurs, vous allez vous fermer tous les journaux. — Monsieur, lui répondis-je, ma résolution est prise; il ne s'agit pas du tort que je puis me causer; il s'agit d'éclairer le public et de faire du bien : ce procès n'est qu'un prétexte. Voici plusieurs journaux dans lesquels j'ai payé des éloges; trouvez moyen de les nommer à l'audience ; si vous faites cela, présentez-moi, si vous voulez, comme un homme ridicule, et faites-moi perdre mon procès, je ne me plaindrai de rien ; mais si vous ne les nommiez pas, me fissiez-vous gagner dix fois ma cause, vous n'auriez rien fait pour moi ; et si telle était votre intention, je vous prierais de ne vous point charger de cette affaire. »

M. Arago me répondit que, puisque j'étais résolu, il plaiderait bien volontiers et nommerait tous les journaux que je lui désignais, excepté *le Droit*.

Comme je voulais que ce procès eût du retentissement, je jugeai à propos d'en faire parler par les journaux. C'était, selon moi, le comble du succès, de leur faire annoncer le procès qui devait servir à les flétrir, et de les rendre ainsi, en quelque sorte, l'instrument de leur propre destruction. Je leur fis donc porter un petit article formant trois lignes, que nous rédigeâmes en collaboration, un agent de publicité et moi. Comment, dira-t-on, deux hommes pour rédiger trois lignes! eh! mon Dieu oui, et c'est justement parce que ce n'étaient que trois lignes qu'il fallait deux hommes pour les rédiger. Je m'explique : comme chaque ligne se paie 3 francs 50 centimes (1), et, par conséquent, chaque lettre six centimes, puis, qu'il y a cinquante-neuf lettres à la ligne ; quand, comme moi, l'on est peu riche, on a besoin de calculer... Je voulais donc faire mettre trois lignes juste dans chaque journal ; car, si je ne mettais que deux lignes et demie, je perdais une demi-

---

(1) Qu'on remarque bien que toutes les insertions desquelles il est question dans cette brochure ont eu lieu *dans le corps des journaux*, c'est-à-dire dans la partie que le public suppose appartenir à la rédaction ; car s'il s'agissait de *réclames*, il n'y aurait rien d'extraordinaire, et tout le monde sait, quoique ce soit déjà une chose assez immorale et assez ridicule, que les *réclames* se paient.

ligne, et, si j'en mettais trois et *un mot,* j'en payais quatre, ce qui, sur la totalité des insertions, me faisait une notable différence! Qu'on juge donc quel travail il faut pour faire entendre en trois lignes qu'on est un homme important, sans mettre une lettre de trop ou de trop peu! Mon collaborateur et moi nous avions chacun notre besogne; j'écrivais, et il comptait les lettres : « Ce mot est trop long, remplacez-le par un plus court. — Mais il faudrait en avoir; et, à moins que d'en faire... — Alors changez la construction. — Voyez maintenant? — Maintenant c'est trop court... et vous perdez sept lettres... — Diable! prenons une autre tournure... Ah! cette fois? — — Vous n'y êtes plus du tout. — Alors remettons-le comme il était, et je perdrai sept lettres... Pourtant c'est dommage!...

Voici comment fut conçu ce petit article, fruit de tant de peine, que je fis paraître en premier lieu dans *la France,* et auquel je fis subir quelques légères variations pour le faire reproduire par les autres journaux.

« Un procès est intenté en ce moment à M. le vicomte de Moléon par M. Constant Hilbey, auteur d'un livre de poésie, intitulé : *Un courroux de poète*, relativement à un compte rendu de cet ouvrage inséré dans les *Débats.* »

Comme on le voit, je me gardai bien d'expliquer la véritable nature de mon procès; aussi aucun journaliste ne se douta du coup.... si ce n'est pourtant le rédacteur en chef de *la Patrie,* que j'allai trouver moi-même, et qui parut un peu inquiété. Après m'avoir fait sur mon procès plusieurs questions que j'éludai, il me dit en me voyant mettre la main à ma poche : « Oh! je ne veux pas d'argent pour cela, ça ne vaut pas la peine!.... »

Quand vous voyez dans un journal des articles concernant quelqu'un au bas desquels se trouve, *Extrait du National*, *Extrait de la Gazette de France*, *Extrait du Bien public*, etc., vous pensez tout simplement que c'est le journal qui les a de lui-même empruntés aux feuilles qu'il cite. Eh bien ! vous êtes dans l'erreur, ce sont les personnes intéressées à donner de la publicité à ces articles qui ont eu la précaution de mettre cela ! afin qu'on les croie étrangères au bruit qu'elles font faire sur elles !

Voici un exemple.

Dans la *Gazette de France*, au lieu de mettre comme dans la *France*, *auteur d'un livre de poésie intitulé : Un courroux de poète* je mis bravement auteur *d'Un courroux de poète*, comme on dit *du Paradis perdu* ! Puis cela étant plus court, je fis entrer dans la fin de la troisième ligne le nom du journal *la France*, qui avait le premier inséré l'article, si au lieu de faire entrer le mot *France* dans la troisième ligne, je l'avais placé au-dessous, il aurait compté pour une ligne entière et m'aurait coûté 5 francs 50 centimes ! aussi je ne le fis point mettre dans les autres journaux où mes *trois lignes* se trouvaient pleines ! parce que c'est un luxe que mes moyens ne me permettaient pas !

Voici le reçu pour toutes ces insertions qui eurent lieu dans les *nouvelles diverses* ; il pourra servir aux personnes qui voudront mettre leurs procès ou leurs voyages dans les journaux.

DOIT M. CONSTANT HILBEY

Pour faits divers (Un procès).

Gazette de France,	17 septembre	3 lignes	9 fr.	75
Courrier Français,	16 sept.	3 lignes	9	75
Nation	17 sept.	3 lignes	9	75
France,	15 sept.	3 lignes	4	50
		Total	33 fr.	75

Pour acquit, SULOT.

Le Siècle ayant refusé votre *fait divers*, je me borne aux quatre journaux que je vous envoie avec six francs 25 centimes; lorsque vous aurez besoin de mes services, vous n'aurez qu'à me faire prévenir, je serai à votre disposition. Tout à vous. »

« Ed. Chollet. »

O vous, grands auteurs ! c'est-à-dire auteurs riches! qui souriez de pitié en contemplant ma misère ! en me voyant acheter ainsi la gloire au litre, vous qui l'achetez au tonneau ! vous qui, au lieu de payer à la ligne prenez des *actions* dans les journaux, ou les subventionnez à l'année ! il faut être plus charitables; il ne faut pas vous moquer des malheureux !

Pendant que mon procès dormait au tribunal civil, je pensai qu'il serait bon de joindre aux journaux un théâtre royal, qu'il me serait facile de prendre au même piége; j'allai donc trouver M. Lireux; car ce fut, comme je l'ai dit ailleurs, à l'Odéon que je m'adressai, ma bourse ne me permettant pas d'aspirer plus haut. On a su comment j'obtins, moyennant *huit cents francs*, l'obligation de 25 représentations, et si quelqu'un doutait que mon intention, quand je fis ce marché, était de le divulguer plus tard, je le prierais d'observer qu'au lieu de payer M. Lireux en présence du jeune séminariste qui se trouvait chez moi, il m'eût été facile de le faire passer dans une autre pièce; il est vrai que je n'avais pas un vaste appartement, mais M. Lireux, j'en suis sûr, se serait trouvé ce jour-là trop heureux d'être reçu dans la cuisine, ou même dans le grenier !

Je dois le dire cependant, quelque coupable que M. Lireux ait été, il ne l'a pas été plus que beaucoup d'autres que je ne puis nommer, et qui jouissent d'une brillante splendeur ! il a été seulement plus malheureux de se rencontrer avec un homme qui nourrissait depuis longtemps une haine profonde contre tous ces ignobles trafics. Tant que M. Lireux a été directeur, je n'ai rien épargné pour le flétrir, et, s'il l'était encore, on me verrait le poursuivre avec le même acharnement; mais, à présent qu'il ne l'est plus, je dois le dire, si c'est lui que j'ai pris au piége, c'est qu'il a été le plus généreux, et qu'aucun autre directeur n'aurait joué ma pièce à si bon marché!...

Soyez donc plus charitables, ô vous, directeurs, qui avez tant blâmé M. Lireux, si quelqu'un vous eût dit : « Que celui de vous qui est sans péché lui jette la première pierre, » vous eussiez sans doute fait moins de bruit... Au reste, cela n'eût peut-être pas suffi pour vous arrêter. Nous n'en sommes plus au temps où les Pharisiens eux-mêmes rentraient dans leur conscience. Vous eussiez toujours commencé par jeter chacun votre pierre en disant : « Tant pis pour ceux qui laissent voir leurs péchés; nous avons eu soin de bien cacher les nôtres ! »

La réception de ma pièce à l'Odéon me donna l'occasion de mettre de nouveaux *faits divers* dans les journaux, et j'en profitai; car je trouvais ce genre de publicité le moins dispendieux et le meilleur de tous. En effet, trois lignes, placées dans les *nouvelles diverses,* et qui ne coûtent que dix francs, sont lues par plus de monde, et produisent plus d'effet qu'un compte-rendu placé dans le feuilleton, et qui coûte des sommes énormes!

Je rédigeai ces articles de la même manière que j'avais rédigé ceux de mon procès, c'est-à-dire en société de mon agent de publicité. Le premier parut dans *la France*, et forma cinq lignes. Il fit exception à la règle que je m'étais prescrite de ne jamais mettre plus de *trois lignes;* mais je le fis ainsi parce que *la France* coûtant moins cher, il me revenait encore, quoique plus long, à meilleur marché que les autres, comme on va voir par le reçu.

« Le théâtre de l'Odéon, qui *fait tous ses efforts pour attirer à lui les jeunes talents,* répète en ce moment une comédie en vers, intitulée *Ursus,* de M. Constant Hilbey, déjà connu par un livre de poésie ayant pour titre : *Un cour-*

roux de poète. C'est ce jeune auteur qu'un journal, dans sa juste admiration, a appelé *le fier courtisan de la gloire.* »

On voit que je ne me donnais pas beaucoup d'éloges encore pour mon argent. Au lieu de mettre déjà *connu*, j'eus envie un instant de mettre *déjà célèbre ;* mais je me dis : Il faut être modeste... et ce sera pour la prochaine fois. J'en fis paraître deux autres dans *le National* et *le Courrier Français.*

Voici celui du *National :*

« On répète en ce moment à l'Odéon une comédie en vers, intitulée *Ursus*, de M. Constant Hilbey, qui a été reçue à *l'unanimité* par le comité de lecture, et sera jouée, d'ici à peu de jours, par *tour de faveur* (1). »

L'article du *Courrier français* ne diffère presque en rien de celui qu'on vient de lire.

Trois lignes parurent aussi dans le *Commerce :*

« M. Constant Hilbey, poète ouvrier, dont on connaît déjà de *charmantes poésies*, va faire représenter dans peu de jours à l'Odéon une comédie en vers, intitulée *Ursus*, dont le succès paraît être assuré. »

Je prie encore une fois de remarquer que ce ne sont point là des *réclames*, mais des *nouvelles*, insérées dans le corps des journaux :

Le *Siècle*, qui, comme on l'a vu, avait refusé d'annoncer mon procès, ne refusa pas cette fois, et fit entrer mon article dans son *Bulletin théâtral ;* je vais citer presque en entier ce bulletin :

---

(1) Il était très-vrai qu'*Ursus* avait été reçu à l'unanimité et devait être joué par tour de faveur; mais on a su depuis à quel prix....

BULLETIN THÉATRAL (1).

... Demain dimanche, au Théâtre Français, *le Tisserand de Ségovie*, retardé par indisposition de mademoiselle Naptal, mademoiselle Denain remplira le rôle de Théodora. La reprise de *Christine à Fontainebleau* de M. Alexandre Dumas, s'est effectuée avec succès au théâtre de l'Odéon; bien que quelques parties de la pièce aient vieilli, les grands effets du quatrième et du cinquième acte ont produit la vive impression d'autrefois; mademoiselle George s'est retrouvée telle qu'elle était, admirable! Mademoiselle Eugénie Sauvage a déployé beaucoup de grâce et de sentiment dans le joli rôle de Paula. On doit des éloges à MM. Balande, Chotel, Quélus et Mauzin; la pièce a été jouée avec ensemble, avec talent. Le comité de lecture de ce théâtre, *dont l'activité et le bon goût ne se démentent pas*, a reçu à l'unanimité une comédie en vers, intitulée *Ursus*, de M. Constant Hilbey; elle sera représentée dans peu de jours et par tour de faveur.

Siècle du 14 décembre 1844.

J'ignore si ce qu'on vient de lire sur *Christine* est de M. Alexandre Dumas; mais je puis certifier que le passage qui me concerne a été rédigé par moi. (On a seulement substitué *ce théâtre* au mot *l'Odéon* que j'avais mis). Oui, c'était moi, bon comité de l'Odéon, qui te donnais de pareils éloges; ne les méritais-tu pas bien! Toi qui n'avais jamais voulu lire ma pièce avant que j'eusse donné 800 francs à M. Lireux, et qui l'avais reçue à l'unanimité le jour où ce noble directeur avait daigné te la lire lui-même!...

Certes, de la manière dont cet article est agencé, per-

---

(1) On se souvient sans doute, que l'article sur les *Burgraves*, que j'ai cité, était aussi intitulé *Bulletin Théâtral*.

sonne ne pourrait croire que j'ai payé pour cela ; mais par malheur il a *trois lignes* et je vais vous en donner le reçu.

DOIT M. HILBEY

Insertions ci-après :

Siècle,	14 décembre,	3 lignes	12	francs.
Courrier Français,	11 déc.	3 lignes	9	75
Commerce,	12 déc.	3 lignes	9	75
National,	11 déc.	3 lignes	9	75
France,	10 déc.	5 lignes	7	80
		Total	48	75

Pour acquit, pour MM. SULOT et CHOLLET.

Paris, 18 décembre 1844, DUROCHER.

Peut-être dira-t-on : Qu'y a-t-il là de si étrange, qu'on vous ait fait payer pour insérer des faits que vous aviez intérêt à faire connaître? Ce qu'il y a d'étrange? c'est que ces jours là, il y avait un million de faits plus importants que les miens sur lesquels on a gardé le silence... Quoi ! M. Hilbey fait un procès à un industriel pour une réclame ! quoi M. Hilbey fait recevoir par un comité, *soumis* à un directeur *vénal*, une méchante petite comédie, et il faut que l'univers le sache ! et si dans le même moment, un homme de génie enfante une œuvre digne de l'admiration des siècles, on n'en dira pas un seul mot, parce que tout à son œuvre il n'aura pu s'initier à ces intrigues ou ne possèdera pas 50 francs ! Non ! personne n'essaiera de justifier de pareils actes, pas même ceux qui les commettent ; car du jour où il sera constant (et ce jour n'est pas loin...) qu'un journal, au lieu d'être une tribune, n'est qu'un bazar où chacun peut venir pour quelques francs étaler sa vanité et ses sottises, de ce jour, il n'y aura plus de public pour les journaux.

Ainsi, quand on verra dans un journal : « le célèbre auteur *** part pour l'étranger, » qu'on se figure entendre le le susdit célèbre crier : Moi, le célèbre auteur ***, je pars pour l'étranger! Quand on verra « Monsieur un tel vient de faire un acte de charité que nous devons révéler au risque de faire souffrir sa modestie! » Qu'on se figure entendre M. un tel crier lui-même : « Messieurs, mesdames, je viens de faire un acte de charité que je dois vous révéler au risque de faire souffrir ma modestie! »... Pour moi, je pense qu'il serait encore plus modeste de la part de ces messieurs de se mettre dans le milieu du dos un écriteau, sur lequel serait imprimé, selon la circonstance :

« Je suis le grand Victor Hugo! et je viens de faire don à l'église Saint-Paul de deux superbes bénitiers!.. (1). »

« Je suis l'illustre Lamartine! et, durant mes pérégrinations aux eaux d'Ischia, on restaure *splendidement* mon hôtel de la rue de l'Université (2). »

« Je suis le célèbre Alexandre Dumas! et je viens d'être mordu par un gros chien de Terre-Neuve! (3). »

Un pareil exemple, certes, ne tarderait pas à être suivi par tous les goujats de l'univers, et la civilisation, ô grands hommes, vous devrait ce nouveau progrès!

Quelques jours avant la représentation de ma pièce, les acteurs me dirent qu'il était à propos de voir le *chef de claque*, et de lui faire un petit cadeau ; je priai l'un de ces messieurs de me l'envoyer, ce qui fut fait immédiatement. « Tenez, Monsieur, dis-je au claqueur en lui mettant vingt francs dans la main, soignez-moi bien! je débute, et j'ai besoin d'appui... » Le claqueur me fit cette réponse peu modeste : « Ah! Monsieur, vous n'êtes pas le seul, les plus grands auteurs ont besoin de nous. »

Le 20 décembre, *Ursus* fut représenté, et réussit com-

---

(1) Voir *la Presse* du 22 mai 1842.

(2) Voir le *Courrier Français* du 14 décembre 1844 et autres journaux du moment.

(3) Voir les journaux de juin 1845.

plétement, grâces, je n'en doute pas, *à la claque,* qui s'acquitta convenablement de son devoir; aussi je n'étais pas fier de mon succès. Les acteurs étaient surpris de ne pas me voir *enchanté*, et M. Lireux, partageant leur surprise, me dit : « Mais, mon ami, votre pièce réussit parfaitement, et il faut *la faire aller;* il faut faire une visite aux journaux.—Oh! non, lui répondis-je, je les connais trop!...— Ah! mon ami, il y faut aller, sans quoi ils vont vous *éreinter.* — Comme bon leur semblera. — Mais alors il ne fallait pas faire jouer votre pièce, et, si vous ne faites pas ce que je vous dis, je vous déclare qu'ils vont la tuer. — Si vous trouvez que ce soit une chose si utile, il faut bien me résigner. — A la bonne heure, mon ami. J'ai déjà parlé à Félix Pyat, qui vous fera un bel article dans le *Charivari.* Allez voir les autres, et tout ira bien. »

Je me gardai de suivre le conseil de M. Lireux, et la promesse que je lui avais faite n'était que pour me soustraire à ses sollicitations. Je savais que cette fois les journaux étaient *forcés* de parler. Comment ne pas rendre compte d'un ouvrage représenté, dont ils avaient annoncé avec tant de pompe la simple réception?... Je savais aussi qu'ils m'*éreinteraient*, comme avait dit M. Lireux; mais, cela, loin de m'effrayer, souriait à mes projets... Comme ils n'avaient dit que du bien de mon livre, je désirais qu'ils ne dissent que du mal de ma pièce, afin de rendre les choses plus claires pour le public... et puis je trouvais qu'il serait beau pour un ouvrier de voir toute la presse se déchaîner contre lui. J'eus lieu d'être content; et, quand je revis M. Lireux, il me dit : « Eh bien! vous n'êtes pas allé aux journaux et ils vous ont *éreinté!* — Il est vrai qu'ils m'ont un peu *abîmé.*— Oh! dites b..... mon ami; vous avez eu quelques mots agréables, mais vous en avez eu... sacredieu!...

A la vérité, comme je l'ai dit, je n'avais pas été bien traité... Les journaux qui avaient cité *tous les vers* de mon volume ne citèrent *pas un vers* de ma pièce. Plusieurs même, et de ceux qui l'avaient annoncée et m'avaient vendu des éloges, gardèrent encore le silence, ne voulant pas se contredire...... Et aimant mieux laisser voir leur brigandage que de donner pour rien une ligne d'éloge! Quant à ceux qui parlèrent, ils se montrèrent bilieux jusqu'à l'imprudence!...... Un de ceux qui eut le plus à souffrir fut le feuilletoniste du *National*; comment dire dans le *National*! du mal d'un ouvrier représenté au Second Théâtre Français! cela était difficile, mais le hasard fournit à ce pauvre critique le moyen de se dédommager de cette contrainte : la veille du jour où il a rendu compte d'*Ursus*, me trouvant avec lui dans un endroit, quelqu'un qui nous connaissait tous les deux lui dit : Voici M. Hilbey dont vous devez parler demain? — « Ah! vous êtes Monsieur Hilbey; oui, je parlerai demain de votre pièce, et même j'en parlerai avantageusement. Mais je vous avoue que si j'en dis du bien, je n'en pense pas. »

M. Albert Aubert ne niera pas avoir dit cela, car il l'a dit devant témoin!..... Or voulez-vous savoir le bien que cet excellent critique disait de ma pièce après en avoir donné l'analyse. Voici ce qu'il ajoutait :

« M. Constant Hilbey aborde modestement le théâtre avec une petite comédie agréable, *facilement versifiée; trop timide peut-être; l'auteur, on le voit, a besoin d'être encouragé; il n'ose pas assez; il doute encore de lui-même. Puissent nos éloges lui inspirer plus de confiance en ses propres forces.*

On a vu comme M. Albert Aubert me faisait *des éloges*, et avait envie de *m'inspirer plus de confiance en mes propres forces.*

La *Revue indépendante* fut plus franche; elle m'assomma net! tout *ouvrier* que j'étais! pour M. Jules Janin, sachant que rien ne fait plus endiabler un auteur que de voir *écorcher* son nom.... il m'appela M. *Hilbers*. Mais aussi, en revanche, admirez l'effet de la sympathie! Il trouva *Ursus un brave homme de père comme jamais on n'en a vu!* ce qui m'étonne un peu, c'est qu'il n'ait pas manifesté la même tendresse pour *M. Ventru!* (1) qui lui doit être cher à tant d'égards !

M. Rolle, lui, jugea à propos de faire, dans le *Constitutionnel*, à l'occasion de ma pièce, un magnifique compte rendu du *Jardin des Plantes!* Cela se conçoit, M. Rolle avait vu le Jardin des Plantes..... Et il n'avait pas vu ma pièce..... dont pourtant il donna l'analyse. Malheureusement, M. Rolle, quoiqu'il n'en ait rien dit, connaissait mon histoire, et ayant lu dans les journaux le compte rendu d'*Ursus*, il crut voir que je m'étais mis en scène moi-même ; or comme il savait que j'avais enlevé *Séraphie*, il pensa qu'*Alfred* devait aussi enlever *Merice*, c'est ce qui lui fit dire : *Mademoiselle Ursus s'envole donc avec son ramier*. Eh non ! Monsieur Rolle, mademoiselle Ursus ne s'envole pas, et je vais vous dire pourquoi, c'est que si j'ai trouvé, moi, plus facile de commettre un enlèvement que de devenir riche, j'ai trouvé plus facile d'enrichir mon personnage, que de lui faire commettre un enlèvement !

La *Gazette de France*, qui m'avait autrefois appelé *un phénomène*, pour s'éviter des frais de composition, trouva que ma pièce *ne méritait ni analyse ni critique* : traiter de la sorte un phénomène !

Le Charivari, dont le rédacteur en chef, M. Altaroche, m'avait dit, il y a six ans, que je ne serais jamais poète, dit en terminant son compte-rendu d'*Ursus* : *D'ailleurs, M. Hilbey a déjà fait ses preuves comme poète;* c'était *comme héritier* qu'il fallait dire, et cela est si vrai que, sans mon héritage, *le Charivari*, ce jour-là même, ne m'aurait pas si bien traité, puisque l'article avait été fait par M. Félix Pyat, auquel j'avais été recommandé par M. Lireux, lequel avait touché mes *huit cents francs*. Suivez donc, à tra-

---

(1) Autre personnage de la même pièce.

vers tous ces flots, l'impulsion de cette goutte d'eau jaune qu'on appelle de l'or !...

Qu'on juge de ma surprise quand, au milieu de tous ces journaux qui me disaient des douceurs pareilles à celles-ci : *Le sujet de cette pièce est une vieille peau d'ours usée, trouée, rapiécée, tannée par tous les bouts* (1), je trouvai dans *le Siècle*, où je n'avais été recommandé par personne, un compte-rendu extrêmement bienveillant. Je l'ai dit, et c'est vrai, je désirais n'avoir que des critiques, et chaque mot injurieux que je découvrais m'était une bonne fortune; mais la joie de trouver, parmi tous ces écrivains, un homme noble et généreux me fit tomber des larmes; et moi qui, malgré les sollicitations de M. Lireux, m'étais refusé à faire aux journaux la moindre visite, je partis à la minute même pour aller remercier M. Hippolyte Lucas. « Monsieur, lui dis-je, je ne suis point venu vous voir après la représentation de ma pièce, parce que j'aurais trouvé cette démarche déshonorante et pour vous et pour moi; mais aujourd'hui que je le puis sans lâcheté, permettez-moi de vous témoigner ma reconnaissance. » M. Hippolyte Lucas me répondit : —Mon Dieu ! Monsieur, j'ai dit du bien de votre pièce, mais je dois vous avouer que je ne l'ai pas vue, et c'est votre volume que j'avais lu, et que je trouve très-bien, qui vous a valu ces éloges. » Je continuai de remercier M. Hippolite Lucas, mais beaucoup moins chaleureusement, et sortis enfin de chez lui en emportant presque le regret d'y être allé, et me demandant lequel était le plus coupable de celui qui, sans l'avoir vu, disait du mal d'un ouvrage ou de celui qui en disait du bien, et si tous les deux ne trompaient pas le public également...

Les comptes rendus des journaux avaient considérablement refroidi M. Lireux à mon sujet; quand il me ren-

---

(1) Le *Constitutionnel.*

contrait dans le théâtre, il ne m'appelait plus son ami, il m'appelait froidement M. Hilbey. Cela m'aurait été fort égal si *Ursus* n'avait pas souffert de ce changement; mais M. Lireux, toutes les fois qu'il le jouait, le plaçait avec un spectacle usé, de sorte qu'il fallait que ma pièce qui était en un acte, attirât seule le public ou fût jouée dans le désert. Pour agir de la sorte, M. Lireux avait un autre motif. Quand nous avions fait le marché des *huit cents francs*, M. Lireux m'ayant dit que mes droits d'auteur me rapporteraient au moins cette somme, je lui avais offert de les lui abandonner au lieu de lui donner de l'argent; mais il n'avait pas voulu, parce que, avait-il dit, les droits d'auteurs étaient *sacrés;* mais après la représentation, ces droits d'auteurs, tout sacrés et tout petits qu'ils étaient, tentèrent le directeur. Je m'en aperçus et lui dis : Si vous voulez mettre ma pièce avec un spectacle mieux composé, je vous ferai l'abandon de mes droits d'auteurs, parce que je comprends que vous ne puissiez me faire profiter d'une recette (1) attirée par de meilleures pièces que la mienne; M. Lireux me répondit : « Oh non! mon ami... les droits d'auteurs, je vous l'ai dit, c'est sacré... — Je sais!... Aussi vous ne les toucherez pas vous-même, je les toucherai et vous les remettrai dans la main... « Eh bien, mon ami, puisque vous y tenez, venez demain au théâtre et nous nous entendrons... » Le lendemain on jouait *Ursus*, mais je ne me présentai pas au théâtre; je n'avais fait cette offre à M. Lireux que pour pénétrer à fond toutes ces intrigues... et il est résulté bien clairement pour moi, que si j'avais été assez riche, on aurait joué ma pièce comme et quand j'aurais voulu : j'aurais d'abord abandonné mes droits d'auteurs, puis j'aurais donné 40 ou 50 francs par représentation; puis il m'aurait fallu en venir à donner 100 francs! mais à ce prix on l'aurait jouée tout l'hiver et tout l'été!

---

(1) A l'Odéon, les droits variaient selon la recette et huit représentations m'ont valu 101 francs 50 centimes.

Malheureusement, mes moyens ne me permettaient pas un pareil sacrifice, que j'aurais voulu pouvoir faire pour vous dire après : « Voilà le secret de mon immense succès et de tous ceux qui vous passent sous les yeux ! » J'aurais voulu pouvoir dire ceci surtout pour les jeunes auteurs ! qu'on rebute de toutes parts ! et qui n'ont pas assez de toutes les amertumes de la misère et de l'obscurité ! sans qu'il leur faille encore recevoir les injures de leurs parents et de leurs amis qui leur disent : Si l'on ne joue pas votre pièce, c'est qu'elle n'a aucun mérite, car on en joue d'assez mauvaises, et les théâtres vous payeraient cher... un bon ouvrage ! Et ceux qui disent cela ne savent pas qu'on les joue, ces pièces, justement parce qu'elles sont mauvaises, et qu'un directeur qui touche 10 ou 20,000 francs avant la représentation, s'occupe peu de la recette !... et d'ailleurs, la recette est-elle moins bonne parce que la pièce est mauvaise ! non, au contraire, l'auteur qui paie pour se faire représenter, paie aussi pour se faire *vanter*, et le public va plus volontiers à une pièce médiocre que l'on prône, qu'il n'irait à un chef-d'œuvre persifflé. Le temps seul, qui fait fleurir les véritables gloires et flétrit les succès menteurs, remet tout à sa place; malheureusement si l'on étouffe le talent dans son germe, au profit de la médiocrité, le temps ne laisse d'une époque qui aurait pu sortir de ses mains grande et illustre, qu'une ruine sans nom et sans souvenir !

Bien loin d'aller trouver M. Lireux comme je le lui avais promis, je me rendis chez M. Porcher (rue de Lancry, 6), qui fait commerce de billets pour tous les théâtres de Paris, et m'avait fait offrir plusieurs fois d'acheter ceux auxquels j'avais droit (pour 24 francs par représentation) et je les lui vendis !

Ce n'était pas que je tinsse au prix de ces billets, puisque je n'avais pas voulu les vendre jusqu'alors; mais voyant quels étaient, à l'égard des auteurs, les procédés de M. Lireux, je voulus lui donner une leçon et mettre sur le champ un frein à sa rapacité! aussi, désappointé comme on le pense de voir non seulement mes droits d'auteurs et les suppléments sur lesquels il avait pu compter lui échapper, mais encore mes billets vendus! il fit refuser le soir, bien qu'il n'en eût pas le droit, mes billets au contrôle et ne joua plus une seule fois *Ursus*.

Cela m'aurait été à peu près indifférent si je n'avais voulu faire au public mes révélations... Puisque M. Lireux s'était engagé par écrit à jouer ma pièce 25 *fois pendant le cours de l'année théâtrale*, et que je pouvais par un procès le forcer à remplir son engagement, sans parler des *huit cents francs* qui ne figuraient pas dans le marché... Un pareil procès m'aurait même posé devant le public comme un homme important : puisqu'il aurait fait croire que j'avais obtenu l'obligation d'un si grand nombre de représentations pour les beaux yeux de ma comédie!.. Peut-être eût il été plus sage de me donner cette importance avant de déclarer la vérité... Mais il m'aurait fallu attendre quatre ou cinq mois pour faire ce procès et je ne me sentis pas le courage de vivre si longtemps encore avec le secret d'une telle infamie; j'aimai mieux perdre 17 représentations (*Ursus* avait été joué huit fois), car il était clair qu'après un pareil scandale l'Odéon ne pourrait plus jouer ma pièce, et d'ailleurs le lendemain de ma dénonciation M. Lireux pouvait être destitué et son engagement envers moi rompu.

Toutefois, avant de rien faire, j'écrivis à M. Lireux, pour tâcher d'obtenir, de suite, toutes mes représentations, une lettre qui dut bien le surprendre de la part de *son ami*.

Monsieur,

« Vous me croyez, je le vois, un petit jeune homme bien
« niais, et je veux vous avertir, dans votre seul intérêt, que je
« ne le suis point tout à fait autant que je puis le paraître;...
« si j'ai donné si facilement huit cents francs pour faire
« représenter ma pièce, c'est que je savais qu'à défaut de

« représentations, j'aurais du scandale pour mon argent.
« Si vous voulez vous rendre demain vendredi à la cin-
« quième chambre, vous pourrez voir, par un procès qui
« s'y plaidera, combien vous avez tort de ne pas jouer ma
« pièce, et tout le danger qu'il y a à ne pas remplir avec
« moi ses engagements ; vous allez me dire, je me suis
« engagé à jouer votre pièce vingt-cinq fois *au moins* pen-
« dant le cours de l'année théâtrale, et l'année est loin d'être
« expirée, il est vrai ; mais vous n'ignorez pas que suspendre
« sitôt les représentations c'est tuer l'ouvrage, et si j'ai fixé
« la première représentation au mois de novembre, ce
« n'était pas pour que toutes les autres fussent données dans
« l'été, c'est à dire dans le moment où personne ne va au
« théâtre, ainsi que vous prétendez le faire dans la crainte,
« sans doute, que mes droits d'auteur ne s'élèvent trop
« haut... Or, si vous êtes libre de me faire du tort, je suis
« libre, moi, de dire au public combien coûte à l'Odéon un
« *tour de faveur*, de même que je lui dirai demain, à l'au-
« dience, combien coûte un article de journal. Voici, Mon-
« sieur, ce que je compte faire si vous ne reprenez très-
« prochainement ma pièce ; je viens de la faire imprimer,
« comme vous savez, mais je n'en ai fait tirer d'abord
« qu'un très-petit nombre d'exemplaires. Pour me réser-
« ver la facilité d'y mettre une notice au besoin... Les jour-
« naux qui ont trouvé ma pièce mauvaise parce que je ne
« les ai pas p...., trouveront ma notice admirable et ils
« *s'empresseront* de la reproduire à raison de 3 et 4 francs
« la ligne. Veuillez, Monsieur, me faire savoir au plus tôt,
« par l'affiche de l'Odéon, de quelle façon je dois agir.

« Je vous salue, Monsieur.   C. Hilbey. »

« *P. S.* N'oubliez pas, surtout, que si je n'ai pas de reçu
« des *huit cents francs,* le hasard m'a donné des témoins...
« Et vous me négligez ! Ah !

..... Tenez,
« Pour un homme d'esprit vraiment vous m'étonnez !
Ruyblas.»

M. Lireux ne joua pas ma pièce, il est vrai que je lui laissai peu de temps pour réfléchir. Au bout de quelques jours, au lieu de faire une notice comme je le lui avais annoncé, j'écrivis une lettre pour publier dans les journaux ; cette lettre écrite, je pris un sac d'argent et me dirigeai, d'abord, vers les bureaux de *la France* ; mais on ne put me répondre le jour même, attendu que le fait énoncé dans ma lettre était *trop grave*, et qu'il fallait, pour délibérer sur une pareille matière, assembler tout le conseil de rédaction. Le lendemain le conseil s'assembla et rendit le jugement suivant :

Attendu, premièrement, que le sieur Lireux, accusé dans cette lettre, pourrait nous attaquer en diffamation ; secondement, que le même sieur Lireux ne nous enverrait plus de *loges* les jours de 1re représentation ; troisièmement, que si M. Hilbey a payé huit cents francs, c'est qu'il a bien voulu et qu'il pouvait ne pas faire jouer sa pièce ; quatrièmement, que nous nous trouvons vis-à-vis du sieur Hilbey, précisément dans la même position que le sieur Lireux, et qu'il pourrait, si bon lui semblait, nous jouer le même tour, nous concluons à la non insertion de la lettre, et condamnons le demandeur à ne pas trouver dans Paris un journal plus hardi que le nôtre !...

Je m'en allai de là à *la Patrie*, toujours avec mon *sac*, comme un véritable marchand de bœufs !

Le rédacteur en chef de *la Patrie* refusa également, craignant un procès en diffamation ; il me conseilla même beaucoup de ne pas divulguer de pareilles choses. « Votre nom, me dit-il, a paru avec un certain entourage (1) ! et une pareille révélation pourrait en atténuer l'effet. » Je répondis à ce monsieur que ma résolution était inébranlable, et je le saluai.

Je me rendis ensuite au bureau de *Publicité*, rue Vivienne, 56, et recommandai d'envoyer, le jour même, ma

---

(1) Je crois bien ! je l'avais entouré de quatre ou cinq mille francs !

lettre à cinq ou six journaux, ce qui fut fait. On l'envoya d'abord au *Droit*, parce que les rédacteurs étant des avocats, ils devaient mieux savoir s'il y avait danger ou non. Ces messieurs déclarèrent qu'un procès était inévitable (écoutez donc les avocats!). Elle fut envoyée ensuite au *Courrier Français*, qui fit la même réponse, puis à presque tous les journaux. Aucun n'en voulut.

Je crus un instant que l'enfer allait triompher, et je revins chez moi si désespéré, que je me roulai sur mon lit pendant au moins une heure. Cet abattement passé, je me mis à réfléchir, et, me souvenant que *la France théâtrale* avait eu avec M. Lireux un procès pour le même sujet, et avait été condamnée faute de preuves, je me dis : Allons à *la France théâtrale!*

Je me remis donc en voyage, mais cette fois sans mon *sac*. Je pensai que *la France théâtrale*, qui seule parmi tous les journaux s'élevait contre la *vénalité*, ne devait pas être *vénale*. On se trompe souvent en pareille conjecture; mais l'expérience m'a démontré qu'à l'égard de *la France théâtrale* j'avais pensé juste : non-seulement elle accueillit bien ma lettre, mais elle a combattu avec persévérance tant qu'a duré cette lutte; et je dois ici, à l'un des rédacteurs en particulier, M. Constant Berrier, des remerciements pour toutes les pages chaleureuses qu'il a écrites à ce sujet.

Ma lettre produisit à l'Odéon un grand mouvement. M. Basset, commissaire du roi près ce théâtre, me fit prier de passer à son bureau : je n'en voyais pas la nécessité. J'avais voulu instruire le public, et non les autorités, que je savais instruites depuis longtemps.......... Cependant je me rendis, par curiosité, à l'invitation de M. Basset. Il me demanda d'abord qui m'avait poussé à faire ce que j'avais fait contre M. Lireux. Je fus pour lui faire la réponse de Charlotte Corday, ma payse (que du reste je n'aime point du tout) : « On exécute mal ce qu'on n'a pas conçu soi-même! » mais je trouvai cela par trop

héroïque, et je répondis tout simplement : « Personne.
— Et quelle est votre intention ? — De faire tomber M. Lireux. — Pourquoi ? — Pour donner un exemple, et faire cesser tous ces trafics. — Mais, si l'on vous rendait votre argent, qu'auriez-vous à dire ? — J'aurais à dire qu'on veut me rendre *huit cents francs* pour prendre cent mille francs à d'autres. — Mais si ces autres ne se plaignent pas ? — Je crois bien, ils ne se plaindront pas sitôt ! et c'est bien sur leur sottise qu'on spécule !... aussi n'est-ce pas pour eux que j'agis, tant s'en faut ; c'est pour ceux, au contraire, dont ils usurpent la place ! et je ne veux pas que les subventions qu'on vote à la Chambre *dans l'intérêt de l'art* servent plus longtemps à enrichir quelque industriel qu'on a intérêt à favoriser, et à faire écraser les auteurs pauvres et qui ont du talent par de riches imbéciles. — Eh bien, puisque vous voulez poursuivre, me dit M. Basset, voici ce que je vous demande de faire. Le ministre a votre lettre sous les yeux ; mais il fait comme s'il ne l'avait pas vue... écrivez-lui, à lui-même, pour lui donner tous les détails de cette affaire, une lettre, que vous m'enverrez avec prière de la lui faire tenir ; faites comme si vous ne m'aviez pas vu. Mais surtout dans votre lettre soyez modeste ; ne vous posez pas en défenseur de la morale, ni en homme qui a des affaires, parce qu'on dirait que c'est un parti pris d'attaquer tout le monde... — On ne se tromperait pas, répondis-je, c'est chez moi un parti pris d'attaquer tout ce qui est mal ; mais, enfin, je tâcherai de vous satisfaire. »

Cela ne me souriait nullement d'écrire au ministre ; mais comme, avant tout, je voulais atteindre mon but, qui était d'être utile à l'art, je ne devais reculer devant aucun moyen, et je promis tout à M. Basset, pour me donner le temps de réfléchir. Après une courte réflexion, je résolus d'écrire en effet tous les détails qu'on me demandait, mais de les publier en brochure, au lieu de les envoyer au ministre. Une crainte m'arrêtait. « Si le public, me disais-je, ne lit pas ma brochure et la laisse chez le libraire, je vais échouer complétement..» Et, tout en me faisant ces objections, je pensais à la forme et au titre que je pourrais lui donner. Car un titre, à Paris, fait le succès ou la perte d'un ouvrage, surtout d'un ouvrage de ce genre... Qu'on juge donc de mon contentement quand celui-ci se présenta à mon esprit, *La manière de faire recevoir une pièce au théâtre royal de l'Odéon.* « Ah! cette fois, m'écriai-je, tous les démons sont vaincus! » et sur-le-champ je me mis à l'œuvre. M. Basset m'avait recommandé, comme on sait, de ne pas me poser en défenseur de la morale. Sachant donc que ce mot agaçait les nerfs de M. Duchâtel, je lui proposai de *faire afficher les tours de faveur à la porte de l'Odéon!* j'espère que cela n'était pas trop *moral*, et M. le ministre a dû être content!

M. Basset, impatienté de ne pas recevoir ma lettre, m'écrivit celle qu'on va lire :

MINISTÈRE DE L'INTÉRIEUR.

« Monsieur,

« Je n'ai point reçu la lettre que vous aviez à m'écrire;
« et, comme il m'importe de savoir quelles sont vos inten-
« tions au sujet de la plainte que vous avez formée contre
« M. Lireux, j'attendrai un mot de vous.

« Recevez, Monsieur, mes salutations distinguées.
                                             « Basset. »
17 février 1845.

Je répondis à M. Basset :

« Monsieur,

« La lettre dont je vous ai parlé est écrite; mais j'ai
« réfléchi qu'il valait mieux la mettre à l'adresse du pu-
« blic qu'à celle de M. le ministre. Je ferai paraître sous

« peu de jours une brochure intitulée *la Manière de faire
« recevoir une pièce au théâtre royal de l'Odéon*, de la-
« quelle je m'empresserai de vous adresser un exemplaire.
  « J'ai l'honneur de vous saluer, Monsieur.
  « C. Hilbey. »

A cette même époque, je reçus une lettre de la *commission des auteurs dramatiques*, par laquelle j'étais invité à faire partie de cette association, et où messieurs les auteurs m'assuraient de *leurs sentiments les plus dévoués.* Cette circulaire était signée par l'un des secrétaires *Théodore Anne.*

Comment, m'écriai-je, Monsieur Théodore Anne ! vous avez donc toujours du devouement pour *mon équipage !* Mais que diriez-vous si vous me voyiez arriver à pied à vos brillantes réunions ! Je n'en doute pas, vous me retireriez sur le champ votre estime; et j'y tiens trop, elle m'est trop précieuse pour m'exposer à la perdre jamais. Vous ne me verrez donc pas... Et d'ailleurs, qu'ai-je fait pour mériter tant d'honneur ? J'ai fait insérer des vers dans les journaux, mais *vous savez à quel prix !* Vous m'avez souvent donné des éloges, mais *je les avais rédigés !* J'ai fait jouer une petite comédie, mais c'est moyennant *huit cents francs.* Vous le voyez donc bien, Messieurs, je ne suis nullement digne de figurer parmi des hommes aussi honorables, aussi purs, aussi illustres que vous ! D'ailleurs je ne suis pas *un auteur* moi, je suis *un garçon tailleur qui s'amuse !*

Ma brochure parut le 27 février et eut un succès qui dépassa de beaucoup mon attente.

Mon procès contre M. de Moléon qui avait été appelé pour la première fois en janvier, fut enfin plaidé le 4 mars.

Je rencontrai avant l'audience mon avocat, M. Arago, dans le vestibule du palais de Justice. Je vais, me dit-il, être obligé, pour vous excuser d'avoir payé des éloges, de dire que M. de Moléon vous a séduit et que vous vous repentez. Ne dites pas cela, lui répondis-je, car rien n'est plus faux ! — Oh! c'est égal, voyez-vous, *ce sera plus moral!* Cette réponse me fit penser à la jeune artiste qui, ayant fait au Glandier le portrait de Mme Lafarge (laquelle avait le teint assez jaune) l'avait gratifié *d'un teint de lys et de roses.* Pour que cela *tranchât mieux*, je vis clairement que mon procès allait être fort mal plaidé ; mais ce à quoi je ne m'attendais pas et qui eut grandement lieu de me surprendre, fut de voir à l'audience M. Arago ne pas nommer les journaux que je lui avais désignés. Il se contenta d'en faire passer un sous les yeux du tribunal en disant qu'il ne *voulait pas faire de scandale.* Je m'aperçus que j'étais trahi ! Si encore cela ne m'avait rien coûté, mais j'avais fort bien payé à M. Arago, 100 francs qu'il m'avait fait demander d'avance ; j'ai besoin de le dire, parce qu'on a pu croire qu'il avait plaidé par charité, quoiqu'il n'en ait mis guère dans son plaidoyer, long tissu de banalités et de mensonges qu'il sembla entasser comme à plaisir. Ainsi mon voyage de *Fécamp* sur lequel j'avais eu l'intention de mettre quelques lignes dans les journaux, devint grâce à lui *un voyage que je voulais faire imprimer et auquel M. de Moléon promettait par avance son éloge;* puis pour m'excuser et toujours pour que cela fût *plus moral,* il jugea à propos de me rajeunir de sept ans et dit que j'étais à *peine majeur*, ce qui ne pouvait servir à me présenter aux yeux des juges que comme un criminel précoce ! ensuite il demanda jusqu'à satiété *pardon* au tribunal de ce qu'il appelait mon *erreur;* de sorte qu'à la place du président, j'aurais dit à M. Arago : «Avocat, cessez de plaider, nous vous accordons votre demande, que votre jeune homme paie les dépens et qu'il s'en aille pardonné ! »

Un avocat habile et bien intentionné peut, en expliquant d'avance les faits qu'on va pouvoir reprocher à son client, en atténuer l'effet ; M. Arago poussa plus loin la prudence ; dans la crainte que mon adversaire ne me fît quelque blessure, il commença par m'assommer. Aussi l'avocat de mon adversaire, M. *Nibelle*, ne trouvant à combattre qu'un mort, fut saisi de pitié à l'aspect de mon cadavre, et, entonnant mon oraison funèbre, il réhabilita un peu ma mémoire.

Je vais citer presque en entier son plaidoyer, parce qu'il pose des questions que je désire résoudre :

« *Les doux mensonges de la poésie ont disparu pour faire place aux rudes mensonges de la prose.*

D'abord, Monsieur, la poésie n'a jamais *menti* que quand les poètes ont été menteurs, et alors, leurs *mensonges* ne s'appelaient pas de la *poésie*. Écoutez ces vers de Gilbert :

> Mes ennemis riant, ont dit dans leur colère
> Qu'il meure, et sa gloire avec lui !
> Mais à mon cœur calmé, le Seigneur dit en père
> Leur haine sera ton appui !
> . . . .
> J'éveillerai pour toi la pitié, la justice
> De l'incorruptible avenir,
> Eux-même épureront par leur long artifice
> Ton honneur qu'ils pensent ternir.

Il n'y a là, Monsieur, ni *doux* ni *rudes mensonges ;* il n'y a que de grandes et éternelles vérités !

M. Constant Hilbey a le courage de vouloir être poète à une époque où l'on ne veut plus de poètes, où la prose triomphe, où le vers se meurt.

Permettez-moi de vous le dire, Monsieur, un poète ne se soumet pas, il s'impose à son époque, et ne lui demande pas plus si elle veut des vers que le ciel ne demande aux humains s'ils veulent des coups de tonnerre.

Je me trompe ; dans notre siècle marchand, Hilbey a marchandé et obtenu la gloire à sa manière.

Je vous remercie, Monsieur, d'avoir compris que j'ai subi une nécessité ; mais ne ferez-vous aucune différence entre celui qui, dans ce *siècle marchand*, marchande pour entasser de l'argent, et celui qui ne *marchande* que pour en disperser.

Et maintenant, il veut reprendre son argent.

Je ne veux reprendre que l'argent que l'on n'a pas gagné : Me voyez-vous redemander mes couverts d'argent à M. G. de Cassagnac.

M. Hilbey aime les procès (je n'en avais jamais eu un seul) : *c'est une réclame judiciaire qu'il veut obtenir.*

Ceci me paraît plus juste ; seulement j'ajouterai que, si à tout prix je voulais être connu, c'est parce qu'à tout prix je voulais être utile au monde ; si je me suis trompé, mon erreur ne fera de mal à personne, et je n'en dois compte qu'à Dieu.

Et cependant à l'en croire, c'est à en croire mon avocat qu'il fallait dire, *il aurait succombé a la séduction et le serpent tentateur ne serait autre que M. de Moléon.* Certes, M. de Moléon m'avait trompé, mais il ne m'avait pas *séduit*, et si le serpent qui perdit Ève n'avait pas été plus *séduisant*, nous n'aurions aujourd'hui ni choléras, ni avocats, ni journalistes, ni, etc., etc., etc., etc., etc.

Écoutons cependant en quels termes M. Hilbey, lui-même, parle à son adversaire dans une lettre où il le menace d'un procès, je lis ceci :

« J'ignore si je gagnerai mon procès ; mais ce sera un moyen de publicité préférable à celui que j'emploie. »

Certes ces deux lignes démentaient complétement mon avocat qui avait dit : « *Je dois dire que mon client a gémi depuis de son erreur d'un instant, et je veux, moi, pour l'honneur et la dignité des lettres, que la publicité de ce procès achève son expiation.* » Car non-seulement elles montraient que je n'avais pas *gémi*, mais on voyait que mon procès était une *erreur* nouvelle, et que, par conséquent, j'étais endurci dans le vice !

Une autre lettre du 25 mai est ainsi conçue :

« Je m'empresse de vous envoyer la somme convenue
« entre nous. Je n'ai pas besoin de vous dire combien je
« tiens à ce que l'article soit bien, puisque j'y mets une pa-
« reille somme, et que j'ai fait tout exprès un voyage, et
« j'ose espérer que vous y mettrez tous vos soins.

« Je vous prie, Monsieur, de vouloir bien m'écrire pour
« me dire combien un article dans *le National* avec une
« citation d'une cinquantaine de vers me coûterait.

« Je vous prie de me dire aussi combien il faudra vous
« envoyer quand l'article des *Débats* aura paru pour mettre
« dans le *Courrier Français*, le *Droit* et la *Patrie*, deux
« lignes sur mon voyage à Fécamp. Vous voudrez bien
« rédiger ces quelques mots dont voici le sens :

« L'auteur d'*Un courroux de poète* et des poésies à *Séra-*
« *phie*, M. Constant Hilbey, vient de quitter Paris pour se
« rendre à Fécamp, où il doit, dit-on, passer le reste de
« la belle saison ; nous espérons que M. Hilbey mettra à
« profit cet été, et puisera de nouvelles inspirations au sein
« de cette belle nature qui lui a inspiré ses plus belles
« pages ! » *Voici, Messieurs, l'article écrit de la main de
M. Hilbey, et qu'il envoyait lui-même à M. de Moléon.*
Cela est très-vrai, monsieur, et l'on doit me féliciter
beaucoup de la modestie dont j'ai fait preuve en écrivant
cet article, puisqu'il était destiné d'abord au *Courrier français*, qui m'avait appelé le *fier courtisan de la gloire*, puis au
Droit, qui m'avait appelé un *phénomène*, puis à *la Patrie*,
qui m'avait appelé *le chantre de l'amour spiritualisé*, *Bernardin de St-Pierre et Jean-Jacques*. Or, que trouvez-vous
dans l'écrit cité de comparable à ces éloges ! vous trouvez
mes *plus belles pages;* mais remarquez que *plus belles*
ne veut pas dire *très-belles*, et mes plus belles pages peuvent être d'une très-médiocre beauté. Pour me donner de
véritables louanges, il m'aurait fallu mettre (ce qui m'é-
tait facile) qui lui a inspiré de si belles pages! Ce n'aurait
pas été trop pour honorer les deux hommes illustres, Bernardin de St-Pierre et Jean-Jacques, que je réunissais dans

ma seule personne ! et cependant je ne l'ai point fait sur deux expressions qui se présentaient naturellement à mon esprit, j'ai choisi la plus modeste et l'on m'accuse ! *Tels sont les moyens que voulait employer M. Constant Hilbey, un poète ne doit marcher à la gloire que par des moyens honnêtes.* Je suis parfaitement de votre avis et je n'approuve pas les moyens que j'ai employés, puisque je ne m'en suis servi que pour pouvoir les flétrir.

Il doit attendre qu'elle vienne à lui. M. Hilbey était impatient, il voulait courir après elle.

Dites-moi, monsieur Nibelle, quand vous aviez une maîtresse, attendiez-vous toujours qu'elle vînt à vous, et n'avez-vous jamais couru après elle ?... Ah ! s'il en était ainsi, vous étiez un amant bien froid !...

En terminant, permettez-moi, monsieur Nibelle, de vous remercier d'avoir rétabli les faits de mon procès à peu près dans leur véritable jour, et de m'avoir défendu contre la rage de mon propre avocat !... Si j'ai combattu vos idées, c'est une preuve qu'il y en avait dans votre plaidoyer. Vous êtes plus heureux en cela que M. Arago, qui m'a pris cent francs uniquement pour me présenter comme un imposteur, me faire manquer un dessein noble et perdre mon procès, pour que cela fût *plus moral.*

Le Droit, en insérant mon procès, s'abstint fort prudemment de toute réflexion, et se contenta de mettre en tête de son compte rendu, de l'air le plus candide du monde ! *Eloge à prix coûtant, singulier mandat.* Comme je l'ai fait voir, ce n'était pas pour *le Droit* qu'un pareil mandat devait être *singulier !* aucun autre grand journal de Paris ne parla de cette affaire, pas même *le National*, qui l'avait annoncée deux fois (1).

Un rédacteur, que je rencontrai dans le moment, me

---

(1) Au moment où mon procès fut appelé pour la première fois, je mis dans le *National* (n° du 16 janvier 1845) un nouvel article de *trois lignes* qui fut placé avant le compte rendu de la *Chambre des Pairs.*

dit : « Oh! quel mauvais procès vous venez d'avoir! — Vous trouvez! — Oh! oui! les citations qu'on a faites vous tuent! — Votre journal n'en parle pas. — Non, dans votre intérêt, car nous ne pourrions en parler que pour vous *condamner*! — Et vous avez pensé que si vous me *condamniez*, je pourrais vous écrire une petite lettre, que *vous seriez obligé d'insérer gratis*, et dans laquelle je vous dirais : « Comment, mon vieux complice, c'est vous qui me traitez ainsi! — Adieu! ne faites plus de pareilles affaires!...

Si les journaux de Paris gardèrent le silence sur ce procès, en revanche, il fut reproduit par un grand nombre de journaux des départements, qui, sans doute, avaient la conscience plus nette. Quelques petits journaux de Paris, mais seulement de ceux avec lesquels je n'avais fait aucun commerce me tombèrent sur les os, et m'accusèrent de tromper impudemment le public. Ainsi, moi qui, depuis six ans, conspire contre le charlatanisme, me voilà l'exemple et le modèle des charlatans; et parce que je suis seul à abhorrer le crime, je suis réputé le seul criminel. Le même jour qu'on avait jugé mon procès, j'avais reçu l'invitation de me présenter devant la commission des théâtres royaux, à laquelle ma brochure venait d'être déférée par le ministre de l'intérieur. Voici cette invitation :

« Le directeur des Beaux-Arts a l'honneur d'inviter
« M. Hilbey à se trouver lundi, 17 mars, à midi et demi
« au ministère de l'intérieur, Direction des Beaux-Arts,
« muni des pièces relatives à la réclamation élevée contre
« le directeur de l'Odéon. »

J'eus bien la pensée de ne me point présenter; je savais qu'on n'avait saisi la commission de cette affaire que pour tâcher de l'étouffer dans de meilleures formes, et qu'on me demandait des preuves parce qu'on espérait que je n'en avais pas; mais ne me pas présenter aurait été rendre à ces Messieurs un trop grand service, et je ne voulus point les rendre contents.

En arrivant, je trouvai dans la salle d'attente M. Lireux, qui était appelé comme moi. Nous marchâmes côte à côte au moins une demi-heure sans nous dire un seul mot. M. Lireux paraissait extrêmement sombre et malheureux, et j'avais peine à me figurer que ce fût ce même homme que j'avais vu si radieux le jour des *huit cents francs* : cela me fit faire de profondes réflexions, dont je ne veux pas vous ennuyer, sur la mobilité des choses de ce monde. On me tira de ces réflexions pour m'avertir que la commission m'attendait. Quand je fus entré, on me fit asseoir devant une grande table autour de laquelle étaient assis sept ou huit hommes. « Monsieur, me dit le président, nous avons à nous occuper de cette brochure. Maintenez-vous tout ce qu'elle contient? — Oui Monsieur. — C'est que je dois vous prévenir que M. Lireux a nié. Si nous le faisions paraître ici, maintiendriez-vous devant lui tout ce que vous avez dit? — Je le maintiens bien devant Dieu qui m'entend!... — C'est bien. » Ces Messieurs se consultèrent un instant pour savoir si l'on devait faire entrer M. Lireux; mais ils trouvèrent qu'*il était superflu de lui donner cette confusion.*

« Monsieur, reprit le président, quelles preuves avez-vous ? — Je n'en ai aucune ici ; mais devant un tribunal, j'aurais trois témoins. — Pourriez-vous nous fournir une lettre de ces témoins ? — Je pourrais vous en donner une du jeune séminariste qui était présent lorsque j'ai versé *huit cents francs ;* mais il me faudrait aller à Meaux, parce qu'en écrivant je craindrais de compromettre ce jeune homme dans son séminaire. — Eh bien! Monsieur, ayez la bonté d'aller à Meaux. — Ma foi! Messieurs, c'est déjà bien assez d'avoir payé huit cents francs sans faire encore un voyage. — Oh! c'est si peu de chose!... — Si encore j'étais certain d'un résultat ; mais, quand vous aurez la preuve?... — Monsieur, nous ferons un rapport au ministre, et tout dépendra de lui. — Oui! de lui!... Il n'importe ; vous aurez ces preuves : je vous le promets.

— Maintenant, Messieurs, dit le président, un directeur

n'a-t-il pas le droit de conduire comme il l'entend l'exploitation de son théâtre (c'était de ses *auteurs* qu'il fallait dire)?» Presque tous les membres répondirent : « Hun!... ha!... hé!... La discussion en était là, quand un orateur, frappé d'une grande idée, s'écria : « Permettez, Messieurs, permettez... Quand on subventionne un théâtre, c'est pour encourager les arts, pour produire de jeunes talents; si donc, au lieu d'encourager les arts et de protéger les jeunes talents, on les ruine, le but de la subvention est manqué. » L'assemblée, ne concevant pas qu'un discours aussi hardi s'osât produire dans son sein, resta muette d'étonnement, et ne retrouva la voix que pour me congédier, dans la crainte, sans doute, que le fougueux orateur, venant à reprendre la parole, ne me pervertît encore plus que je n'étais. En sortant, je rencontrai M. Lireux dans le corridor; il détourna la tête en passant à côté de moi; il eut tort, car mon intention fut de lui dire : « J'ai dû faire ce que j'ai fait pour donner un exemple; mais vous valez mieux que ces hommes-là. »

Le lendemain, ainsi que j'en avais donné la promesse, je fis le voyage de Meaux, qui me coûta cinq francs, car je ne compte pas deux sous que j'employai à acheter un petit pain, que j'allai manger pour mon dîner dans une cavée fort agréable, qui se trouve en arrivant à gauche de la ville; il faut bien dîner dans tous les pays, et il n'est pas probable que j'eusse dîné à Paris plus modestement ; j'aurais même, certainement, dîné mieux ; mais je voulais racheter, par cette abstinence, une partie des frais de mon voyage, et ce n'était pas la première fois que je faisais ainsi payer à mon estomac les folles dépenses de mon esprit.

A mon retour, je donnai à M. Cavé une lettre du séminariste, par laquelle il certifiait m'avoir vu, en septembre 1844, verser chez moi, à M. Lireux, la somme de cinq cents francs, et lui remettre une reconnaissance de trois cents francs; je dis, en outre, à M. Cavé que le supérieur du séminaire de Meaux était disposé à laisser venir à Paris son élève témoigner de tout ce qu'il avait vu et entendu. Il paraît qu'on trouva le mot de lettre suffisant, du moins *pour ce qu'on en voulait faire;* car le jeune homme n'a point été appelé.

La commission, m'a-t-on dit, adressa un rapport au ministre : ce rapport ne m'ayant pas été communiqué, je ne puis en donner le contenu ; je présume, toutefois, par l'effet qu'il produisit, qu'il fut rédigé en ces termes : Hun!... ha!... hé!...; et je présume aussi que si le ministre avait été interpellé à la chambre pour cette affaire, il aurait fait, à son tour, la même réponse.

Ainsi, comme on le voit, au lieu de mettre M. Lireux sous la surveillance de la commission, c'est la commission qu'on aurait dû mettre sous la surveillance de M. Lireux, puisque, si ce dernier m'a pris huit cents francs pour jouer ma pièce, la commission m'a fait dépenser cinq francs et perdre plusieurs journées de mon temps pour ne me rien jouer du tout!...

Le jeune séminariste, lui, qui ne savait pas qu'au ministère on demandait des preuves, dans l'espérance de n'en pas trouver, et avec la ferme volonté de n'en rien faire si par malheur on en trouvait, m'écrivit pour me demander des nouvelles de cette affaire, dont je n'entendais pas parler plus que lui ! La lettre de ce jeune homme me sembla si pleine de noblesse et de candeur, que je jugeai à propos de la publier, pour montrer au public que mon témoin n'était pas un mercenaire, ainsi qu'on tâchait de l'insinuer, et qu'il contrastait singulièrement avec ceux qui se faisaient nos juges !

Voici cette lettre, qui a été insérée dans *la France théâtrale* du 24 avril :

Meaux, 22 avril 1845.

« MONSIEUR,

« Depuis votre apparition à Meaux, je n'ai pas entendu
« parler de l'affaire qui vous occupait il y a cinq semaines ;

« cependant, d'après le désir que je vous avais manifesté et
« la promesse que vous m'aviez faite, je devrais, je pense,
« avoir reçu de vous des renseignements certains.

« Je vous prie de me faire connaître si vous avez réussi
« à confondre l'indigne conduite de l'homme aux huit
« cents francs, si le petit écrit que je vous ai donné a été
« suffisant; en un mot, si vous avez remporté un succès
« complet, c'est-à-dire si la justice et le noble talent ont
« enfin triomphé de la duplicité et de la plus noire fourberie!

« Ne regardez pas mon empressement comme un acte
« de simple curiosité; non, Monsieur, l'affection que je
« vous porte, jointe à l'amour de la justice, qui est la cause
« que vous défendez, sont les seuls motifs qui depuis un
« mois me font désirer avec impatience une lettre de vous.

« Recevez, etc.

« Louis DESLIENS, »
Elève de philosophie.

Cette lettre réveilla l'affaire, que l'on voulait étouffer, et je résolus de ne plus la laisser se rendormir. Immédiatement j'intentai un procès à M. Lireux devant le tribunal de commerce, pour le contraindre à jouer *Ursus* dix-sept fois, ainsi qu'il le devait, non pour ces représentations, car je croyais que le public ne les souffrirait pas ;... mais je désirais faire rendre par les tribunaux un jugement qui constatât le délit que j'avais signalé et lui donnât une publicité telle, qu'elle rendît impossible la présence de M. Lireux à l'Odéon au moment du vote de la subvention à la Chambre des Députés ; aussi fis-je mettre dans l'assignation : *Attendu que cette obligation a été achetée et payée huit cents francs, ce qui sera prouvé en cas de déni.*

L'affaire fut appelée le vendredi 2 mai. Je me présentai pour plaider moi-même, guéri que j'étais, grâce à M. Arago, de la maladie de prendre des avocats. J'avais rédigé d'avance un petit plaidoyer, que je savais par cœur, et qui avait produit le plus grand effet *devant ma lanterne*.

Je ne pus savoir s'il en aurait été de même devant le tribunal, car M. Lireux ne me donna pas l'occasion de le prononcer. Il se laissa juger par défaut, et fut condamné à jouer *Ursus* dix-sept fois dans le délai d'un mois, à compter du jour de la signification du jugement, à peine de cent francs de dommages par chaque jour de retard. Mais il n'attendit pas la signification, il remit immédiatement *Ursus* sur l'affiche. Malheureusement pour M. Lireux cette réapparition d'*Ursus*, loin d'apaiser le scandale, le redoubla. On savait que ces représentations étaient le résultat d'un marché, et il y en avait dix-sept à donner, et on allait prochainement voter à la Chambre la subvention (1) : aussi, après la deuxième représentation, M. Lireux donna sa démission, et fit en même temps faillite, pour prouver que c'est un fort mauvais métier que celui d'exploiter les auteurs.

Ainsi, qu'on le remarque bien, M. Lireux n'a pas été destitué il s'est *retiré* et le ministre en ne le destituant pas a invité tous les autres directeurs (qui pourtant n'avaient pas besoin de cette invitation) à agir de la même manière. Heureusement, si le ministre a donné son approbation à ces marchés, le public qui a déserté l'Odéon ne leur a pas donné la sienne, et les directeurs changeront de voie ou les théâtres fermeront !....

Je crois avoir prouvé qu'en faisant la guerre à l'Odéon, je me suis fait la guerre à moi-même, puisque je me suis

---

(1) J'avais envie de voir quelle serait, dans cette circonstance, la conduite de M. de Lamartine qui le premier, je pense, *devait* s'occuper de ces sortes de choses ; mais au moment du vote de la subvention, M. de Lamartine était à son château de Montceau à se reposer *de ses luttes parlementaires* et à *boire à la santé* des artistes qui mouraient de faim et de soif à Paris !

privé de quinze représentations pour arriver à mon but. Et je veux donner une dernière preuve de mon désintéressement dans cette affaire : j'avais le droit de me porter créancier de la faillite de M. Lireux que j'avais fait condamner à des dommages considérables. Eh bien, je ne l'ai pas fait, Dieu me garde de mettre les pieds dans un pareil bourbier ! Bien loin de là, je n'ai pas même réclamé mes droits d'auteur pour les deux dernières représentations ; me souvenant de ce mot de l'évangile : « Quand on vous prendra votre robe, donnez encore votre manteau ! » Seulement je le dis, celui qui m'a pris ma *robe* n'est pas M. Lireux, c'est le théâtre subventionné de l'Odéon, représenté par son directeur. M. Cavé a beau me dire : *l'Odéon n'est pas un homme, c'est un monument de pierre.* Je réponds, oui ! mais ce monument auquel les contribuables fournissent 60,000 francs par an, trouve de grandes mains quand il s'agit de les recevoir ou de prendre l'argent des auteurs, il a même trouvé de très-grandes jambes pour venir jusque dans ma chambre chercher mes *huit cents francs*, et il n'est devenu *de pierre* que quand il s'est agi de remplir ses engagements ! Lorsqu'il me prit cet argent, il avait un *commissaire royal*, un comité, un directeur ! Après ma dénonciation, commissaire royal, comité, directeur, tout a disparu ! Or, je proclame hautement que le théâtre de l'Odéon est un affreux brigand ! Et puisqu'il est de *pierre* et n'a pas d'oreilles pour m'entendre, que ceux qui ont des oreilles m'entendent pour lui !

Ainsi, ô jeunes auteurs ! veillez pendant trois années pour composer une pièce de théâtre, puis veillez pendant dix ans encore pour amasser une somme d'argent et la portez à un théâtre royal ! mais non, ne vous dérangez pas, il viendra bien la chercher chez vous ; les théâtres royaux aujourd'hui se rendent à domicile ! puis faites marché pour un certain nombre de représentations, et quand vous en aurez obtenu le tiers ne réclamez plus rien, car vous ne trouverez personne pour vous répondre, ou, si vous ne voulez être ainsi dépouillés, puisque le théâtre est un coupe-gorge, ne le tentez pas, prenez une autre voie ! Si vous avez une vocation pour la littérature dramatique, tâchez de la ployer à l'élégie ! et publiez vos œuvres en volume, les journaux sont les nobles défenseurs du talent, ils ne vous repousseront pas eux ! ils vous accueilleront au contraire et vous appelleront des *phénomènes* à raison de trois francs la ligne !

Mais non, jeunes gens, il n'en sera pas ainsi si vous avez du courage ; unissez vos efforts, je vous ai donné des armes, détrônez tous ces trafiquants qui font de la plus sainte des choses une ignoble marchandise ! l'avenir de l'art peut être sauvé par vous !

FIN.

IMPRIMERIE D'ÉDOUARD BAUTRUCHE,
Rue de la Harpe, 90.

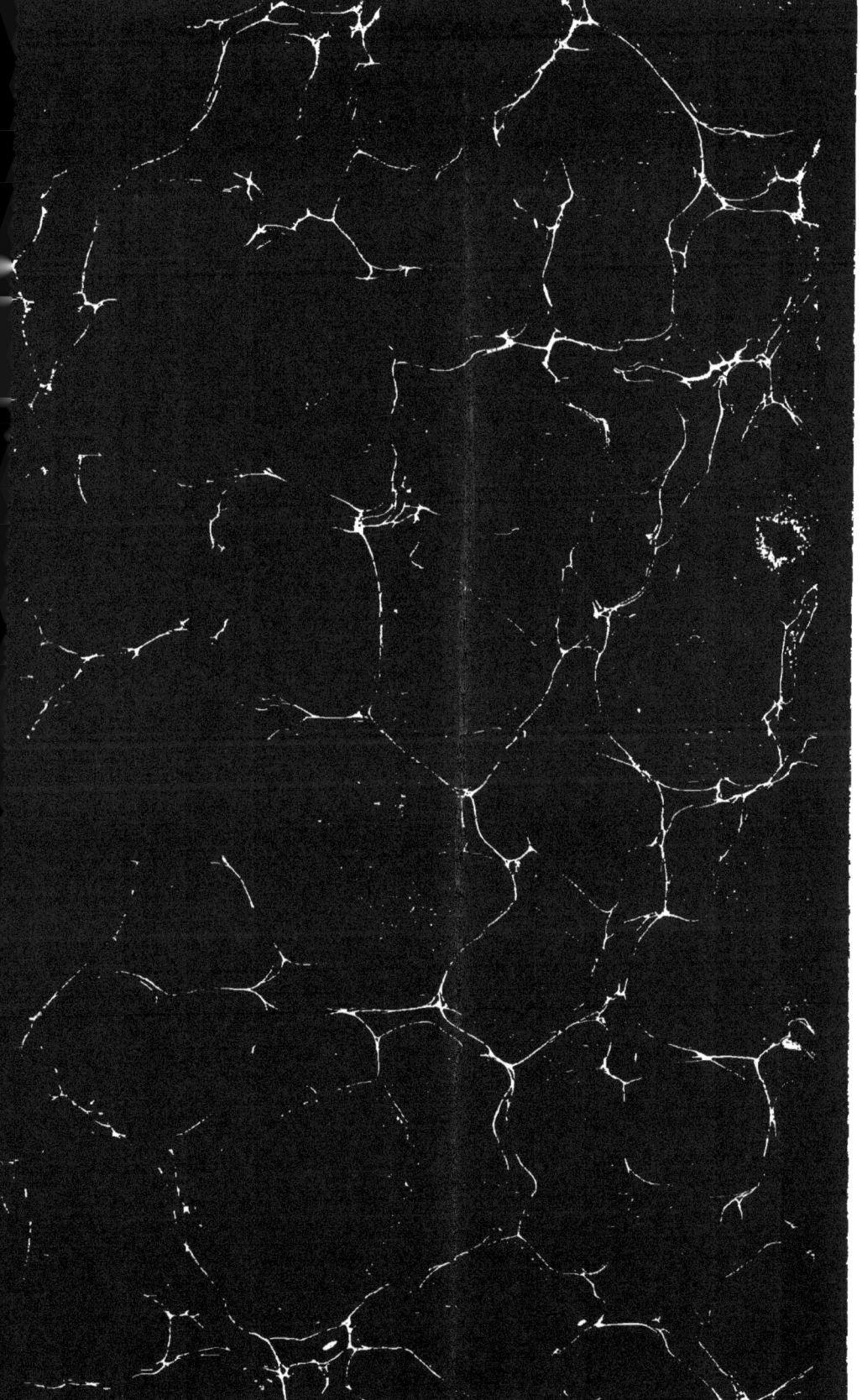

www.ingramcontent.com/pod-product-compliance
Lightning Source LLC
LaVergne TN
LVHW050631090426
835512LV00007B/793